NHK趣味の園芸——よくわかる栽培12か月

サクラ［改訂版］

船越亮二

趣味の園芸

目次

JBP

JBP

Kosakusha

本書の使い方

●品種解説でとり上げたサクラは、苗の入手が比較的簡単で、家庭で育てやすい品種を選びました。

●本書は、サクラの栽培に必要な毎月の作業と管理について、「庭植え」と「鉢植え」に分けて、関東地方以西の平地を基準に解説しています。

●寒冷地の作業・管理については 122 ページをご覧ください。

●「サクラの分類」について。従来はサクラをスモモ属（*Prunus*）に分類する立場が多かったのですが、本書ではサクラ属（*Cerasus*）とする説を採用しました。

●品種解説などで触れている花色については、品種、植生地、天候などによっても違いがあり、一定の目安として記載しています。

●品種解説にあたっては、下記の書籍を参考としました。

大場秀明、川崎哲也、田中秀明 解説『新日本の桜』（山と溪谷社）
勝木俊雄 著『日本の桜』（学研）
大原隆明 著『サクラ ハンドブック』（文一総合出版）
永田 洋 他編『さくら百科』（丸善）

サクラの魅力

サクラは、私たちになじみ深い花木です。
分類、歴史、品種などを紹介して、
サクラはどんな植物なのかを解説します。

サクラとはこんな植物

生活に密着したサクラ

　農作業では、実際のカレンダーよりも、山野に自生している木々の開花や開葉、落葉などを観察して、田植えから収穫までを知る習慣が古くから行われてきました。この自然のもつ感覚を利用したものの一つが「＊農諺木《のうげんぼく》」です。古くから生育する木が用いられ、樹種はヤマザクラ、コブシ、タムシバ（ニオイコブシ）などがあげられます。

　このコブシやタムシバをタネマキザクラ（種播桜）、タウチザクラ（田打桜）、タウエザクラ（田植桜）とも呼び、ヤマザクラと同じように呼んでいます。

　京都の山間部では「ヤマザクラの蕾の色が見え始めたらタケノコを掘り出し始める」といい、旬のタケノコを収穫する指標となっています。このように自然界における人とサクラとの深いかかわりは、ほかの樹木ではなかなか見られないことでしょう。

サクラ属の分類について

　サクラを分類する場合、一般的にはバラ科、プルヌス（*Prunus*）属としています。プルヌスはスモモを表します。この属はとても多くの植物を擁《よう》しています。バラ科の下にサクラ亜科を置き、スモモ属をさらに、その下の段階の「亜属」に分類し、サクラ亜属、スモモ亜属、モモ

＊　農諺木　気象学の発達していなかった時代、農作業の指標として使われた樹木のこと。

亜属、ウワミズザクラ亜属、バクチノキ亜属の5亜属に分けていました。この5亜属をさらに「節」に分け、サクラ亜属をサクラ節やセイヨウミザクラ（サクランボ）節、ユスラウメ節などに分けていました。

バラ科の分類図

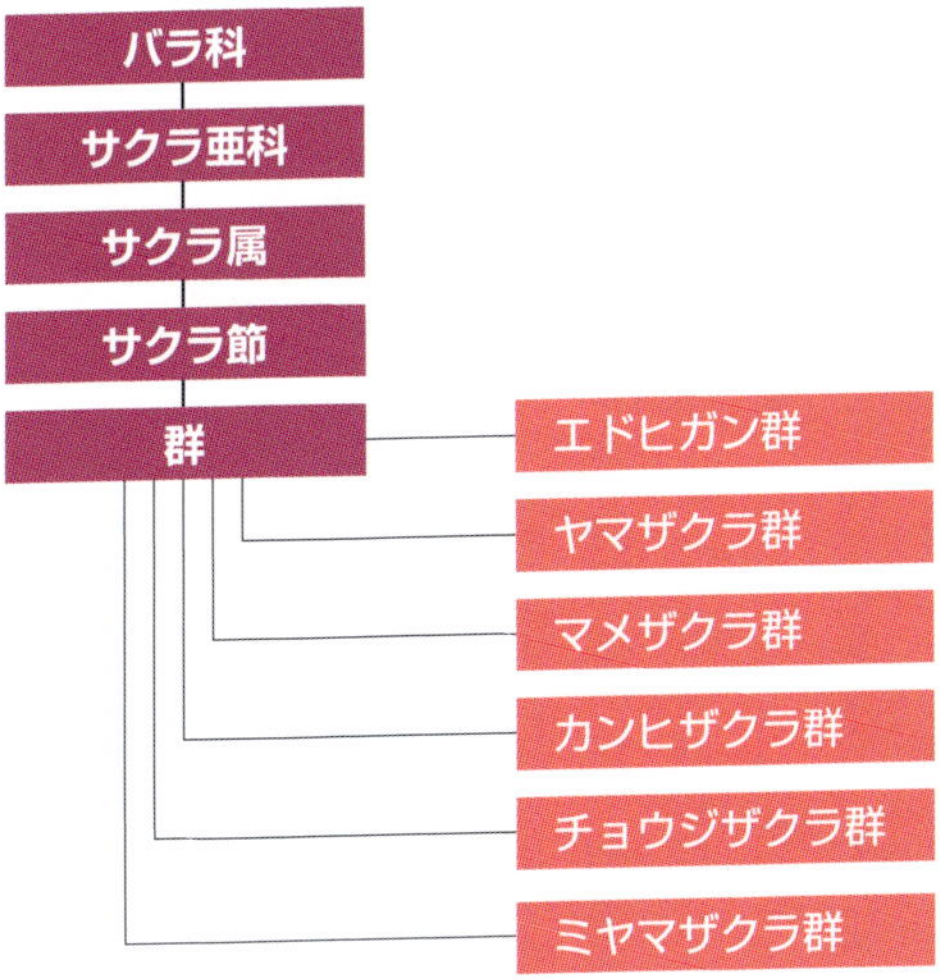

サクラとモモが同じ仲間だとは、あまり結びつかないかもしれません。そこで近年、サクラ亜属を属として独立させて分類する説を採用することが多くなりました。サクラ属はケラスス（*Cerasus*）といい、例えば‘染井吉野’は*Cerasus* × *yedoensis* ‘Somei-yoshino’と表しますが、今までは*Prunus* × *yedoensis*で表されてきました。今も〝*Cerasus*〟と〝*Prunus*〟両方が使われていますが、本書では学名表記は〝*Cerasus*〟で統一しています。

近年、植物分類上の「科」が絶えず更新されています。一般の人には想像もつかなかった「科」に分類されることもあり、ここ数年大きく変わっています。

しかし、私たちがふだん呼んでいるヤマザクラや、エドヒガンといった種名は従来どおり変わることはありません。

サクラ属、サクラ節はさらに「群」というグループに分かれています。現在では「エドヒガン群」、「ヤマザクラ群」、「マメザクラ群」、「カンヒザクラ群」、「チョウジザクラ群」、「ミヤマザクラ群」の６つのグループに分かれています。

例えば東北から北海道に見られるオオヤマザクラはヤマザクラ群に、北海道中部以北に分布するチシマザクラは日本列島中部の富士山麓周辺に多く自生しているマメザクラと同じ群に入ります。（サクラの分類図は、７ページ参照）。

そして、これらの実生による変異や、それぞれの「種」間による自然交雑で生まれた多くの個体、枝変わりによる変異など、さまざまな原因によって生まれたサクラが各地に入り交じって生育しています。また、交配によって多くの品種も生まれています。

●日本はサクラの国

日本列島は300㎞足らずの幅しかありませんが、南北には３０００㎞余りと長く、亜熱帯から亜寒帯の幅広い気候帯をもっています。山の高さも３０００ｍ級まであり、このように変化に富んだ気候条件のおかげで、豊富で多様な植物が育ちました。

南北アメリカ大陸や、アジア大陸、またアフリカ大陸など、日本の20～30倍の面積を持つ地域に比べても、日本のサクラには多くの種類があり、園芸種が育てられています。

私たちの先祖が、狩猟民族から「農耕民族」として定住生活に入った段階で、サクラは美しい花として愛でられてきたのでしょう。

国の指定天然記念物である山梨県の山高神代《やまたかじんだい》桜《ざくら》は樹齢１８００～２０００年といわれているので、古くから人々に眺められていたことと思われます。

　このように古くから自生していたサクラは、さまざまなタイプがあちこちに育ち、アカマツやスギ、ヒノキ、サワラ、コナラ、クヌギなどと混生した美しい景観が見られたことでしょう。

　サクラは落葉性広葉の高木というイメージが強いですが、多くの種類、品種のなかには、成長してもあまり大きくならないものや、細い枝を密生させて3～4m程度の高さにしかならないものもあります。

　例えば盆栽向きとして人気の‘旭山《あさひやま》’は、成長しても木の高さは2m程度にしかなりません。‘小彼岸桜《こひがんざくら》’も、大木にならず、花つきもよいので、庭植えや鉢での栽培に向いています。カンヒザクラの交配種である‘オカメ’の枝は上に伸び、横に広がらないので小さい庭植えでも十分楽しめます。

　本書ではこのように、家庭向きの品種も取り上げています。サクラもほかの園芸植物と同じように、鉢植えや庭植えでも、手軽に栽培できることを、ぜひみなさんに知っていただきたいと思います。

JBP

サクラの品種には、鉢植えや、盆栽に向く品種もある。写真は、‘旭山’。成長しても木の高さは 2m 程度にしかならない。

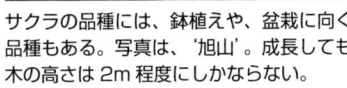

サクラ品種カタログ

サクラの栽培品種は約 300 種類以上あります。ここではそのうち、家庭での栽培に向いているものを中心に、原種、早咲き、遅咲き、二季咲きなどに分けて紹介します。

【サクラの原種】

サクラは自然交雑や、人工的な交配によって多くの品種が生まれてきましたが、いくつかの原種がすべての品種のもとになっています。ここでは主要な 4 種の原種とサトザクラを紹介します。

ARS

ヤマザクラ（山桜）

Cerasus jamasakura（Siebold ex Koidz.）H. Ohba var. *jamasakura*

開花期：4 月ごろ　花色：白色〜淡紅色　花径：約 3 〜 4cm

落葉高木。東北南部から九州の温暖地帯に分布する。山の低い場所や丘陵に多い。山に自生するカスミザクラやオオヤマザクラを「山桜」と総称することがあるが、種はそれぞれ違う。白い花と赤い葉の色合いが美しい。

ヤマザクラの仲間：コトヒラ（琴平）、シダレヤマザクラ（枝垂れ山桜）、ケンロクエンクマガイ（兼六園熊谷）など。

ARS

エドヒガン（江戸彼岸）

C. spachiana Lavallée ex. E. Otto var. *spachiana*

開花期：3月下旬～4月　花色：白色～淡紅色　花径：約1～1.2cm

落葉高木。本州、四国、九州に広く分布する。春の彼岸のころに咲くので、この名があり、「彼岸桜」とも呼ばれる。大木になり、20mを超すものもある。

エドヒガンの仲間：ジンダイアケボノ（神代曙）、ソメイヨシノ（染井吉野）、ベニシダレ（紅枝垂）など。

マメザクラ（豆桜）

C. incisa（Thunb.）Loisel. var. *incisa*

開花期：3月下旬～5月上旬　花色：白色～淡紅色　花径：約2～3cm

落葉中高木または大低木。関東から中部地方にかけての本州に分布する。成長すると高さ3～8m程度になるが、低木なので盆栽にも用いられる。花は下向きに咲く。開花期は‘染井吉野’よりやや早く咲き始める。

マメザクラの仲間：ゴテンバザクラ（御殿場桜）、フユザクラ（冬桜）など。

JBP-M.Fukuda

Kosakusha

カンヒザクラ（寒緋桜）（別名：ヒカンザクラ／緋寒桜）

C. campanulata (Maxim.) Masam. & S. Suzuki

開花期：1月下旬～2月上旬（南西諸島）、3月（関東地方南部）　花色：紅色～緋色　花径：約1.5～2cm

落葉小高木。成長すると高さ8m程度になる。カンヒザクラ群は日本に自生する種はなく、中国大陸の東シナ海沿岸地域と台湾に自生するカンヒザクラが、観賞用として関東地方南部以西で広く栽培されている。花は下向きに咲く。

JBP-Y.Sakurano

写真は‘松月’。

サトザクラ（里桜）

C. serrulata Lindl.

サトザクラとして呼ばれている品種群は、オオシマザクラの特徴が現れているサクラが多く、昔から身近（里）に植えられてきたところから「サトザクラ」と分類している。また、サトザクラの仲間はオオシマザクラだけではなく、ヤマザクラ、カスミザクラ、エドヒガン、マメザクラなどが複雑にかかわった、多彩な栽培品種を呼ぶ。

サトザクラの仲間：オムロアリアケ（御室有明）、カンザン（関山）、ショウゲツ（松月）、ウコン（鬱金）など。

【早咲き品種】

‘染井吉野’の関東での開花期である３月下旬と比較して、
ほぼ同時期に開花を迎える種類や、
それより早く咲く種類を紹介します。ほとんどが一重咲きです。

H. Tanaka

ソメイヨシノ（染井吉野）

C. × *yedoensis* ‘Somei-yoshino’

開花期：３月下旬～４月上旬　花色：淡紅色　花径：約3.5cm

落葉高木。枝は横に広がって伸び、カサ状の樹形になる。エドヒガンとオオシマザクラの種間雑種としてできたと考えられており、全国的、特に都市部に普及している。開花期や花の色が異なるものなど、いくつかの系統が存在している。成長が早いため、家庭での栽培には鉢植えや剪定などによって、樹高をコントロールする必要がある。

JBP-Y.Sakurano

早咲き

オカメ

C. 'Okame'

落葉低木～大低木。枝は斜め上方に伸び、横に広がらない。1947年、イギリスのサクラ研究家イングラム（C. Ingram）が、カンヒザクラとマメザクラを交配して作出した栽培品種。マメザクラに似て花弁は小さく花は下向きに咲く。樹高は成長しても3m程度なので、小さな庭でも栽培されている。

アメリカ

C. × *yedoensis* 'America'

開花期：3月下旬　花色：淡紅紫色　花径：約3cm

落葉高木。米国のワシントンD.C.のポトマック河畔にも100本以上が植えられている。'染井吉野'の実生から選抜されたといわれている。日本では'染井吉野'よりもやや遅れて開花する。

JBP-Y.Sakurano

JBP-S.Maruyama

カワヅザクラ（河津桜）

C. × *kanzakura* ‘Kawazu-zakura’

開花期：３月上～中旬（場所により２月中旬から）　花色：紅紫色　花径：約3cm

1955年ごろに静岡県賀茂郡河津町で原木が発見された。その後、増殖され近年急速に普及した。親はカンヒザクラであることが確実であるが、一方の親は不明でオオシマザクラとする説がある。

JBP-S.Maruyama

JBP-S.Maruyama

ミヤビ（みやび）

C. ‘Miyabi’

開花期：３月下旬～４月上旬　花色：紅色　花径：約 4cm

落葉小高木。やや細い花弁には紅色の筋が入る。花は開ききらず、やや下垂して咲く。カンヒザクラが片親と思われる交雑種だが、いつどこで作出されたかは不明。10数年前に埼玉県の生産者に入った苗の中から発見された。「雅」と名づけられたが、現在は「みやび」で流通している。‘陽光’とともに人気の品種。

JBP-Y.Sakurano

オモイガワ（思川）

C. × *subhirtella* ‘Omoigawa’

開花期：４月中旬　花色：淡紅紫色　花径：約３cm

落葉小高木。エドヒガンの仲間。枝は横に広がりカサ状の樹形になる。サクラ研究家・久保田秀夫が、栃木県小山市に植えられていた‘十月桜’の実生から育成した品種。小山市の花に指定されている。‘十月桜’は秋から冬にかけて開花するが、オモイガワは４月中旬ごろに開花する。

ARS

ケイオウザクラ（啓翁桜）

C. ‘Keio-zakura’

開花期：3月中旬　花色：淡紅色　花径：約 2.5cm

落葉小高木。枝先は少し波状に伸び、横に広がり、球状の樹形になる。シナミザクラを台木に、‘小彼岸桜’をつぎ木してできた枝変わり品種。発根性が強く、通常はさし木でふやす。切り花としてよく使われる。

JBP-Y.Sakurano

コヒガンザクラ（小彼岸桜）（別名：ヒガンザクラ／彼岸桜）

C. subhirtella（Miq.）Masam. & S. Suzuki

開花期：3月下旬　花色：淡紅色

花径：約 1.5 ～ 2.5cm

落葉小高木。エドヒガンとマメザクラの種間雑種と推定される。花はやや下向きに咲く。高木にならないので、観賞用に広く庭園や公園などで植栽されている。また枝が細かく分かれ、花つきもよく、盆栽にも向く。

JBP-S. Maruyama

シナミザクラ（支那実桜）

C. pseudocerasus (Lindl.) G. Don

開花期：3月上旬　花色：白色〜淡紅色　花径：約2cm

中国原産で「桜桃」と呼ばれるものの野生種の一つ。落葉大低木。枝は上に向かって伸びるが、しだいに横に開いて、球状になる。木が小型で温暖な地域でも栽培できるため「暖地桜桃」の流通名で、家庭栽培用に普及している。雌しべが花弁より長いのが特徴。実は甘酸っぱく食用になる。

H.Tanaka

ジンダイアケボノ（神代曙）

C. spachiana 'Jindai-akebono'

開花期：4月上旬　花色：淡紅紫色　花径：約3.5cm

落葉高木。東京都の神代植物公園で栽培されている。エドヒガンと他種との雑種と考えられる。

ARS

ソトオリヒメ（衣通姫）

C. x *yedoensis* ‘Sotorihime’

開花期：３月下旬　花色：淡紅色

花径：約３～3.5cm

落葉高木または小高木。枝は横に広がる。伊豆大島の都立大島公園で‘染井吉野’の実生から出たもので、‘染井吉野’とオオシマザクラの自然交雑によってできたものと考えられている。

JBP-S. Maruyama

ヨウコウ（陽光）

C. ‘Youkou’

開花期：３月上旬　花色：紅紫色　花径：約4.5cm

落葉小高木。‘天城吉野’とカンヒザクラの交配により作出された栽培品種。枝は上方に伸び、卵形の樹形となる。鮮やかな色の大輪で、多くの公園などで植栽されている。近年最も人気のある品種の一つ。

【遅咲き品種】

ソメイヨシノの関東での開花期である３月下旬と比較して、４月中旬から下旬、または５月ごろにかけて開花する、遅咲きのサクラを紹介します。ほとんどが八重咲きです。

JBP

アサヒヤマ（旭山）（別名：朝日山）

C. serrulata ‘Asahiyama’

開花期：４月中～下旬　花色：紅色　花径：3.5 ～ 4.2cm

落葉低木。八重咲き。サトザクラの仲間。成長しても樹高が２m 程度にしかならないので、鉢植えや盆栽に向く。広く普及しているが、その起源はよくわかっていない。

アズマニシキ（東錦）

C. serrulata ‘Azuma-nisiki’
開花期：４月中～下旬　花色：淡紅色　花径：5cm
落葉高木。サトザクラの仲間。八重咲きの大輪。現在栽培されているものは、明治期の1900年代に東京の荒川堤で栽培されたものがもとになっている。

JBP-Y.Sakurano

ARS

JBP-Y.Sakurano

アマノガワ（天の川）

C. serrulata ‘Erecta’
開花期：４月下旬　花色：淡紅色　花径：約 3.5cm
落葉中高木。八重咲き。サトザクラの仲間。枝は横に伸びず、まっすぐ上に向く。花も上に向いて咲くため、樹形は細いホウキの形になる。狭い場所にも植えやすく、鉢植えにも向いている。花に芳香がある。

←ウコン（鬱金）

C. serrulata ‘Glandiflora’

開花期：４月中旬　花色：淡黄緑色　花径：4cm

落葉高木。八重咲き。枝は斜め上方に伸び、樹形は盃状になる。サクラには珍しく、淡い黄色の花が咲く。薄い緑みをおびることもあり、ウコンで染めた布の色のような典雅な趣がある。栽培品種として人気が高く、全国に普及している。

JBP-Y.Sakurano

イトククリ（糸括）

C. serrulata ‘Fasciculata’

開花期：４月中旬　花色：淡紅色　花径：約4.7cm

落葉高木。エド系サトザクラの仲間。八重咲き。樹形はカサ状になる。もともと東京の荒川堤で栽培されていたもの。花は白色で、縁や外側が紅紫色になっている。

JBP-Y.Sakurano

イモセ（妹背）

C. serrulata ‘Imose’

開花期：４月中～下旬　花色：淡紅紫色　花径：約4.5cm

落葉高木。サトザクラの仲間。八重咲き。原木は京都の平野神社境内にある。一つの花に雌しべが２個ずつあり、果実も２個ずつつくことがある。

JBP-Y.Sakurano

オオヂョウチン（大提灯）
C. serrulata 'Ojochin'
開花期：４月中旬　花色：白色　花径：5cm
落葉高木。東京の荒川堤で栽培されていたものといわれている。花は白色で縁は淡い紅色をおびる。

JBP-Y.Sakurano

オオヤマザクラ（大山桜）（別名：エゾヤマザクラ／蝦夷山桜）（ベニヤマザクラ／紅山桜）
C. sargentii (Rehder) H. Ohba var. *sargentii*
開花期：４月中〜下旬　花色：紅色
花径：約 5cm
落葉高木。ヤマザクラ群の野生種。樹高 20 〜 25m を超える大木になる。本州、四国にまで分布するが、寒さに強く、特に北海道や北日本で観賞用として広く栽培されている。ヤマザクラに似るが、花はヤマザクラより大きい。

H.Tanaka

オムロアリアケ（御室有明）

C. serrulata 'Omuro-ariake'

開花期：４月中～下旬　花色：白色　花径：約4.5cm

落葉中高木。サトザクラの仲間。京都仁和寺（御室御所）で栽培されているものが起源。枝が横に張り出す。関東の'有明'に似て花弁は半八重でしわを持つ。

JBP-S.Maruyama

JBP-Y.Sakurano

カンザン（関山）（別名：セキヤマ／関山）

C. serrulata 'Kanzan'

開花期：４月下旬　花色：紅紫色　花径：約5cm

落葉高木。サトザクラの仲間。八重咲きの代表品種。明治期に東京の荒川堤から全国に普及した。なお別名のセキヤマは小輪で、大輪のカンザンとは別種との説がある。

ギョイコウ（御衣黄）

C. serrulata ‘Gioiko’

開花期：４月下旬　花色：緑色～黄緑色　花径：約２～3cm

落葉中高木。八重咲き。花色は淡い緑色で、部分的に濃い緑色の筋が花弁に入る。‘鬱金’と同じくオオシマザクラ系のサトザクラの品種との説がある。

JBP-S.Maruyama

ケンロクエンキクザクラ（兼六園菊桜）

C. serrulata ‘Sphaeranth’

開花期：４月中旬～５月上旬　花色：淡紅色　花径：約 4cm

落葉小高木。サトザクラの仲間。八重咲きで花弁の多いものは 300 枚に達する。花は二段咲きをすることもある。金沢の兼六園にあった原木は 1970 年に枯死しており、現在はつぎ木によってふやされたものが植えられている。

R. Funakoshi

JBP-Y.Sakurano

コウカ（紅華）

C. serrulata 'Kouka'

開花期：４月中〜下旬　花色：紅紫色　花径：約 5cm

落葉高木。八重咲き。枝は斜め上方に伸び、樹形は盃状になる。北海道のサクラ研究家・浅利政俊が作出した品種。オオヤマザクラとサトザクラの雑種と推定される。

JBP-Y.Sakurano

コトヒラ（琴平）

C. jamasakura 'Kotohira'

開花期：４月中〜下旬

花色：微淡紅色〜白色　花径：約 3.5cm

落葉高木。八重咲き。香川県金刀比羅宮にあった原木を、つぎ木によってふやしたもの。花は最初薄い紅色だが、のちに白色に変わる。

JBP-Y.Sakurano

ハナガサ（花笠）

C. serrulata ‘Hanagasa’

開花期：４月中～下旬　花色：紅紫色

花径：約５～6cm

落葉高木。サトザクラの仲間。樹形はカサ状になる。北海道松前町で‘福禄寿’の実生から選抜してできた栽培品種。八重咲きの大輪で葉化した雌しべが花の外に出ている様子が花笠の形に似ているので、この名がついた。

JBP-Y.Sakurano

ショウゲツ（松月）

C. serrulata ‘Superba’

開花期：４月中旬　花色：淡紅色

花径：約5cm

落葉小高木。八重咲きで枝は横に広がって伸び、樹形はカサ状になる。外側の花弁は細かい切れ込みが多い。オオシマザクラの影響が見られるサトザクラの仲間。

JBP-S.Maruyama

ジョウニオイ（上匂）

C. speciosa ‘Affinis’

開花期：４月中旬　花色：白色　花径：約3.5cm

落葉小高木。八重咲き。枝は上方に向かって伸びる。元は、東京の荒川堤で栽培されていたもの。‘駿河台匂’と同様、花に強い芳香があり、この名前がついた。

JBP-Y.Sakurano

フゲンゾウ（普賢象）（別名：フゲンドウ／普賢堂）

C. serrulata 'Albo-rosea'

開花期：４月中～下旬　花色：淡紅色～白色　花径：約 5cm

落葉高木。八重咲き。サトザクラの仲間。室町時代から記録されている品種。'普賢象' は普賢菩薩が乗っている象のこと。葉化した雌しべがこの象の鼻や牙に似ていることから、この名がついたといわれる。花は最初淡紅色で、その後白色に変わる。

JBP-Y.Sakurano

スマウラフゲンゾウ（須磨浦普賢象）

C. serrulata 'Sumaura-fugenzo'

開花期：４月下旬　花色：黄緑色

花径：約 4.5cm

落葉高木。サトザクラの仲間。八重咲き。1990年４月、神戸市の須磨浦公園内で、'普賢象' の枝変わりとして発見された。枝によっては、淡紅色の花が交じることもある。

ARS

スルガダイニオイ（駿河台匂）
C. speciosa 'Surugadai-odora'
開花期：４月中～下旬　花色：白色　花径：約 3.5cm
落葉中高木。江戸・駿河台の庭園にあったものが由来といわれている。枝はやや斜め上方に伸びる。一重咲きと半八重咲きが混在して咲く。花に強い芳香があるのは、この品種の成立にオオシマザクラがかかわっているためと考えられている。

ARS

シロタエ（白妙）
C. serrulata 'Sirotae'
開花期：４月中旬　花色：白色　花径：約５～６cm
落葉中高木。サトザクラの仲間。八重咲きで花の数は 11 ～ 20 枚。元は東京の荒川堤で栽培されていた品種。'アマヤドリ' によく似ているが、花柄や小花柄が短く、'アマヤドリ' のように花が下垂しない。

JBP-Y.Sakurano

ミクルマガエシ（御車返し）（別名：キリガヤ／桐ヶ谷）
C. serrulata 'Mikurumakaisi'
開花期：４月中旬　花色：淡紅色　花径：約 5cm
サトザクラの仲間。花の名前は、昔、このサクラの前を車で通った折、花が一重か八重かで人々が言い争いになり、車を引き返して確かめたという話にちなむ。同じ木に花弁が５～７枚程度の差があることから、八重一重とも呼ばれる。

JBP-Y.Sakurano

ヨウキヒ（楊貴妃）

C. serrulata 'Mollis'

開花期：4月中～下旬　花色：淡紅色花径：約4～4.5cm

八重咲き。落葉中高木。エド系のサトザクラの仲間。江戸時代初期から名前を知られていたが、現在栽培されているものは東京の荒川堤から広まったものと考えられている。

JBP-Y.Sakurano

ヤエベニヒガン（八重紅彼岸）

C. × *subhirtella* 'Yaebeni-higan'

開花期：4月上旬　花色：淡紅紫色　花径：2.5cm

マメザクラとエドヒガンの種間雑種と考えられている。コヒガンザクラの八重咲き品種。大木にならないので、一般家庭の庭での栽培に向いている。

【枝垂れ系品種】

枝が垂れる品種は風になびくさまが優雅で、
古来より人々に親しまれてきました。

ARS

ベニシダレ（紅枝垂）

C. spachiana 'Pendula Rosea'

開花期：４月上～下旬　花色：紅紫色　花径：約 2cm

落葉高木。エドヒガンの枝垂れ形のなかで、花色が濃いものを指す。枝垂れる種は「糸桜」とも呼ばれる。平安時代に記録があり、古くから寺社を中心に全国各地で栽培されている。

JBP-Y. Hiruta

ヤエベニシダレ（八重紅枝垂）（別名：エンドウザクラ／遠藤桜）

C. spachiana 'Plena Rosea'

開花期：４月中～下旬　花色：淡紅紫色　花径：約 2.5cm

落葉高木。八重咲きの枝垂れ品種。エドヒガンの仲間。花は小輪だが、色が濃く華やか。

【マメザクラ系品種】

マメザクラはその名のとおり、落葉低木または小高木で
大きくなる品種もありますが、剪定をして小ぶりに
育てることが容易です。ここでは代表品種を紹介します。

JBP-S.Maruyama

ゴテンバザクラ（御殿場桜）

C. incisa 'Gotenba'

開花期：４月上〜下旬　花色：淡紅色花径：約 2cm

マメザクラとほかのサクラの雑種と推定される。御殿場市内で発見され、その後裾野市、富士市でも栽培されていることがわかっている。繁殖が容易で、小さいサイズでも多くの花をつけるので、盆栽に適している。

H.Tanaka

【二季咲き／秋冬咲き品種】

秋から冬にかけて咲く品種は
春にも花をつけ、1年で2回楽しめるサクラです。
近年小型の品種も多く出回るようになりました。

H. Tanaka

フユザクラ（冬桜）（別名：コバザクラ／小葉桜）

*C.*x *parvifolia* ‘Fuyu-zakura’

開花期：10月～12月／4月上旬～中旬　花色：淡紅色～白色　花径：約3～3.6cm

一重咲き。落葉小高木。マメザクラの仲間で、ヤマザクラかサトザクラのいずれかがかかわっていると推測されている。春と冬に開花し、10月ごろから咲き始め、11月下旬から12月上旬にかけて開花のピークとなる。

H. Tanaka

アーコレード

C. ‘Accolade’

開花期：10月下旬／3月下旬　花色：淡紅色　花径：約4～5cm

半八重咲き。イギリスでベニヤマザクラと‘小彼岸桜’の交配により作出された品種。日本では秋と春の二季咲きになる。同じ二季咲きの‘十月桜’に比べて、より大輪の花をつける。特に春先は色も濃く美しい。

ARS

ジュウガツザクラ（十月桜）（別名：オエシキザクラ／御会式桜）

C. x *subhirtella* 'Autumnalis'

開花期：10月～12月／4月上旬　花色：微淡紅色～白色　花径：約 2. 5cm

八重咲き。春の花は秋の花よりやや大きい。秋は 10月ごろから冬の間も小さい花が断続的に咲く。木は小型なので、一般家庭での栽培にも向いている。

JBP-A. Takemae

ヒマラヤザクラ

C. cerasoides（D. Don）Masam. & S. Suzuki'

開花期：秋～冬　花色：紅色　花径：約 2.8～3.5cm

樹高は 5～10m に成長する。中国南部およびネパール中部から東ヒマラヤに分布する野生種。自生地の開花期は 10月から 12月ごろで開花と同時に新葉が開く。日本の熱海市では 12月に開花する。東京よりも北の地域では、開花後の新葉が、寒さによって成長できず落葉することがあり生育が難しい。

R.Funakoshi

サクラと江戸の園芸

●「サクラ」の語源は？

奈良、平安時代に「花」といえば、ほぼサクラを指していたほど花の代名詞でした。奈良時代に成立した『古事記』や『日本書紀』には「雅桜」、「桜宮」の文字が見えます。『万葉集』では、サクラの歌が数十首詠まれています。

サクラの語源については、はっきりした記録がありません。奈良時代にすでに使われていたことから、それ以前からも呼ばれていたと推測されます。サクラは奈良、平安時代に「花の咲く木」と呼ばれていたことから、「咲く」の複数形として「等《ら》」を語尾につけ、「サクラ」と呼び、それが転化したものという説があります。

サクラの種類それぞれに固有の園芸品種名がつけられるのは、ほぼ江戸時代に入ってからです。鎌倉、室町時代にも名前はつけられていましたが、ほとんどは花の形や、生育している寺院の名前や産地名で呼ばれていました。

●江戸で華開いた園芸文化

江戸時代は園芸が最も発達した時代です。植木の商いも現れ、人々は簡単に植物を手にすることができるようになりました。植物も自然の交雑によってできた変種も多く見つかり、オモト、マンリョウ、イワヒバなど現在、古典園芸として知られている、園芸が人々の間で流行をしました。サクラの品種の多くも、江戸時代に

R. Ogasawara

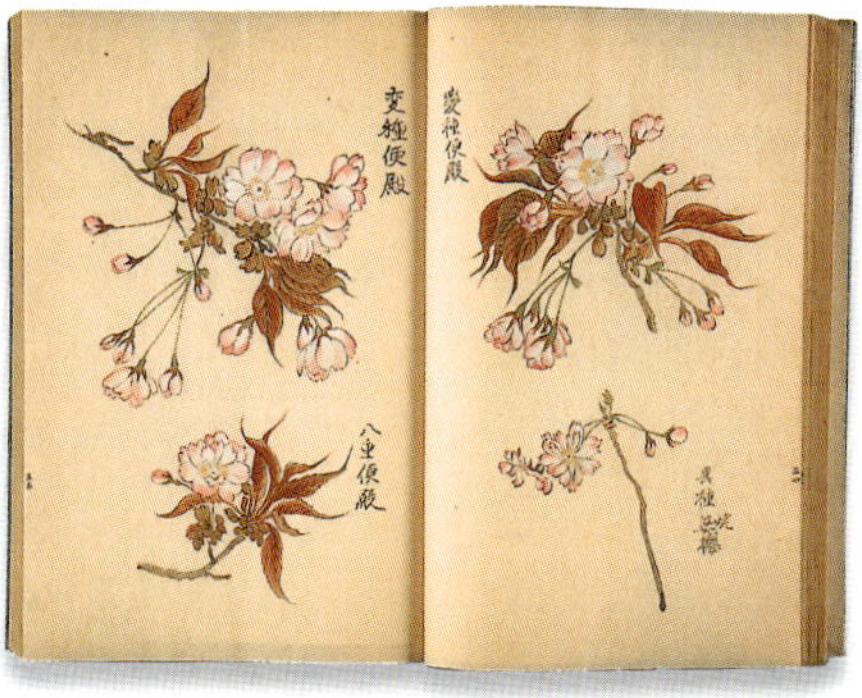

堀内蔵頭直虎 編『櫻譜』（別名『叒譜《じゃくふ》』写本。文久元年（1861年）の序。江戸期のサクラ図譜のなかで最も収録数が多く、90丁252種に及ぶ。雑花園文庫蔵。

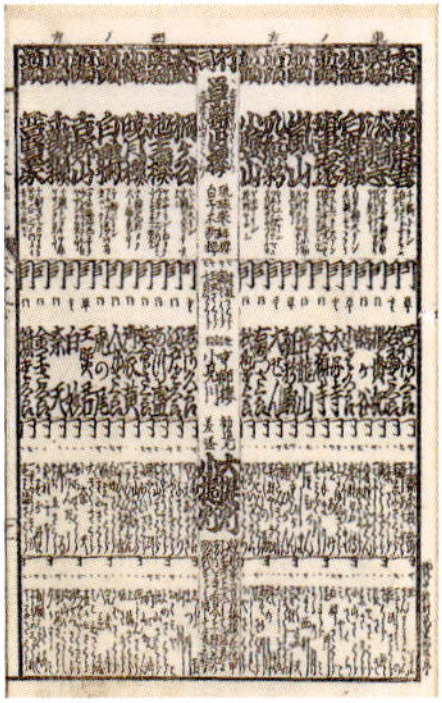

R. Ogasawara

繁亭金太 著、染井源二 補『草木奇品家雅見　地ノ巻　さくらの番附』。文政10年（1827年）刊。園芸植物の特に珍奇な姿形や、斑入り植物などの蒐集家と蒐集植物を紹介したもの。「人ノ巻」に「さくらの番附」が収録されている。番附は東方大関、「泰山府君」、西方は「桐ヶ谷」。江戸での園芸熱がうかがえる。雑花園文庫蔵。

興隆をみるようになります。

この時代にはサクラについての園芸書や画譜なども多く編まれ、サクラも品種名がつけられるようになりました。二百数十種の花や葉の画譜が著され、名所図絵には諸国のサクラが記録されていきます。

代表的なサクラの図譜は京都の本草家・松岡《まつおか》玄達《げんたつ》の『怡顔齋櫻品《いがんさいおうひん》』（宝暦8年刊）、松平定信の『浴恩園櫻譜《よくおんえんおうふ》』（文政5年成立）をはじめ、『櫻花藪《おうかそう》』（寛政9年）、『長者ヶ丸櫻譜《ちょうじゃがまるおうふ》』（天保13年）など数多くあります。

サクラをはじめ多くの植物が発達した理由は、平穏な時代が長く続いたこと、大名が諸国と江戸を行き来して、地域の名産を持ち帰ったこと、植木も変わったものや珍奇なものが好まれ、流通したことなどがあげられます。

今に残るサクラの名木

サクラはわが国で古くから愛されてきた花木だけに、各地に残る名木も少なくありません。なかでも有名なのは日本三大巨桜とされる山梨県北杜市武川町の「山高神代桜」、岐阜県本巣市（旧本巣群根尾村）の淡墨公園にある「淡墨桜《うすずみざくら》」、そして福島県田村郡三春町の「三春滝桜」です。「山高神代桜」と「淡墨桜」は、ともにエドヒガンの古木で、「三春滝桜」はエドヒガンの品種である‘紅枝垂’の古木です。こうした事例からエドヒガンは長命のサクラとされています。

ところで、園芸品種の‘染井吉野’は短命であるといわれていますが、本当にそうでしょうか。現存しているサクラの古木は、いずれも山里深く生育条件に恵まれた環境下で生き続けてきたのに対し、‘染井吉野’は街路樹や公園木などに利用されてきたため、大気の汚染、踏圧など、劣悪な環境にさらされてきました。同一条件下で育てれば、‘染井吉野’もおそらく長寿を保つものと筆者は推測しています。

R.Funakoshi

樹齢 1800 年とも 2000 年ともいわれる「山高神代桜」。

ARS

樹齢 1500 年余りとされる「淡墨桜」。

Kosakusya

「三春滝桜」はベニシダレの古木。樹齢 1000 年以上と推定されている。

12か月の管理と作業

サクラを「庭植え」と「鉢植え」に分けて、1月から12月までの必要な管理と作業を解説しています。上手に育ててサクラを長く楽しみましょう。

JBP-S. Maruyama

（関東地方以西基準）

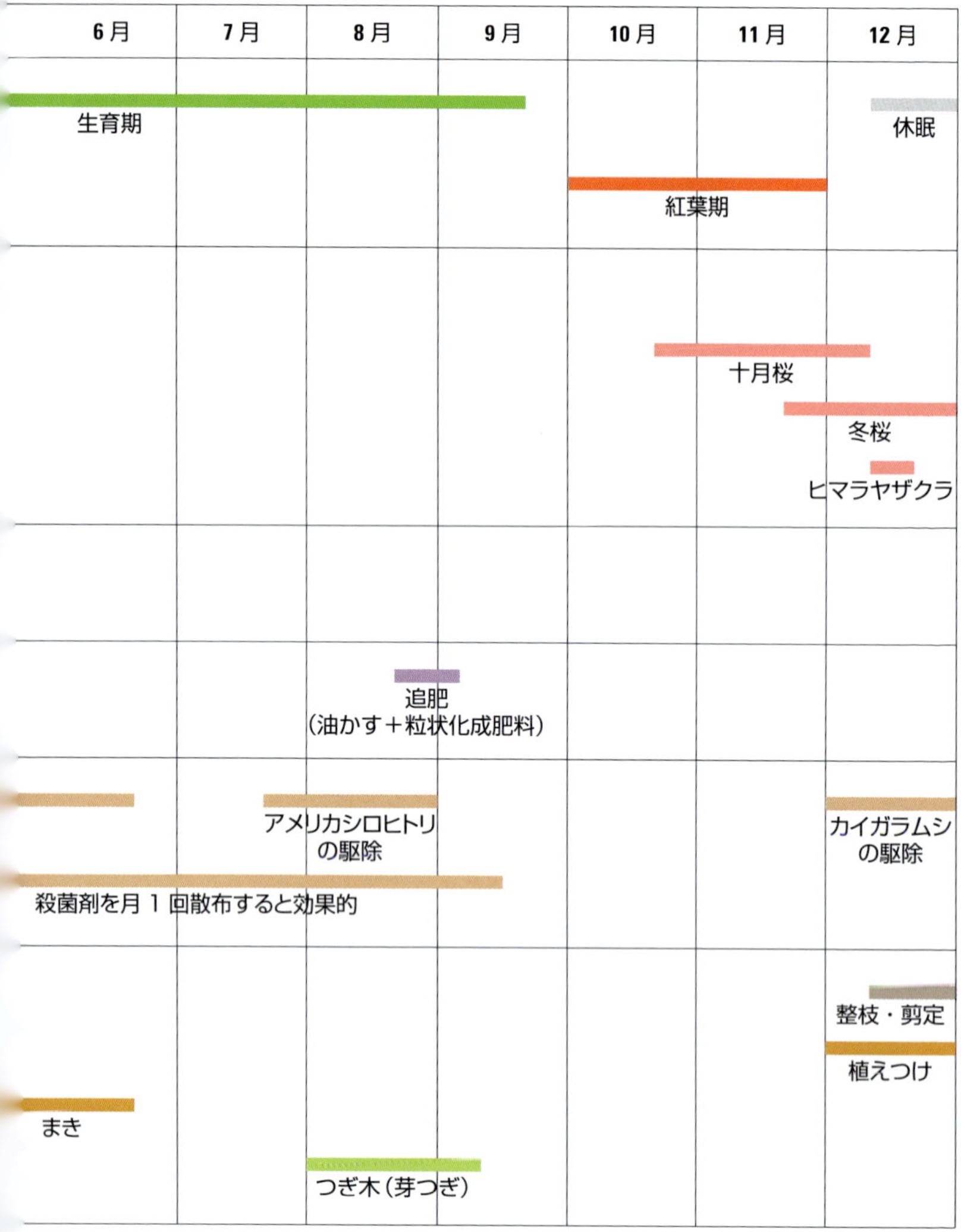

6月
7月
8月
9月
10月
11月
12月
生育期
休眠
紅葉期
十月桜
冬桜
ヒマラヤザクラ
追肥
（油かす＋粒状化成肥料）
アメリカシロヒトリ
の駆除
カイガラムシ
の駆除
殺菌剤を月１回散布すると効果的
整枝・剪定
植えつけ
まき
つぎ木（芽つぎ）

サクラ　年間の管理・作業暦（庭植え）

月	1月	2月	3月	4月	5月
生育状態	休眠	根が活動開始	萌芽		開葉
開花期		早咲き系（カンヒザクラ、河津桜、オカメ、陽光、みやびなど）	十月桜、冬桜など	染井吉野 ヤマザクラ、オオシマザクラ	サトザクラ
水やり			植えつけたときのみ たっぷり与える		
肥料	寒肥 （油かす、鶏ふんなど）		花後の芽出し肥（N-P-K ＝8-8-8 の化成肥料）		
病害虫の防除	カイガラムシの駆除 （マシン油乳剤の散布）			オビカレハ、アブラムシ、アメリカシロヒトリの幼虫の駆除	
主な作業	整枝・剪定	植えつけ	つぎ木（切りつぎ）	シダレザクラ、サトザクラの剪定	タネ

（関東地方以西基準）

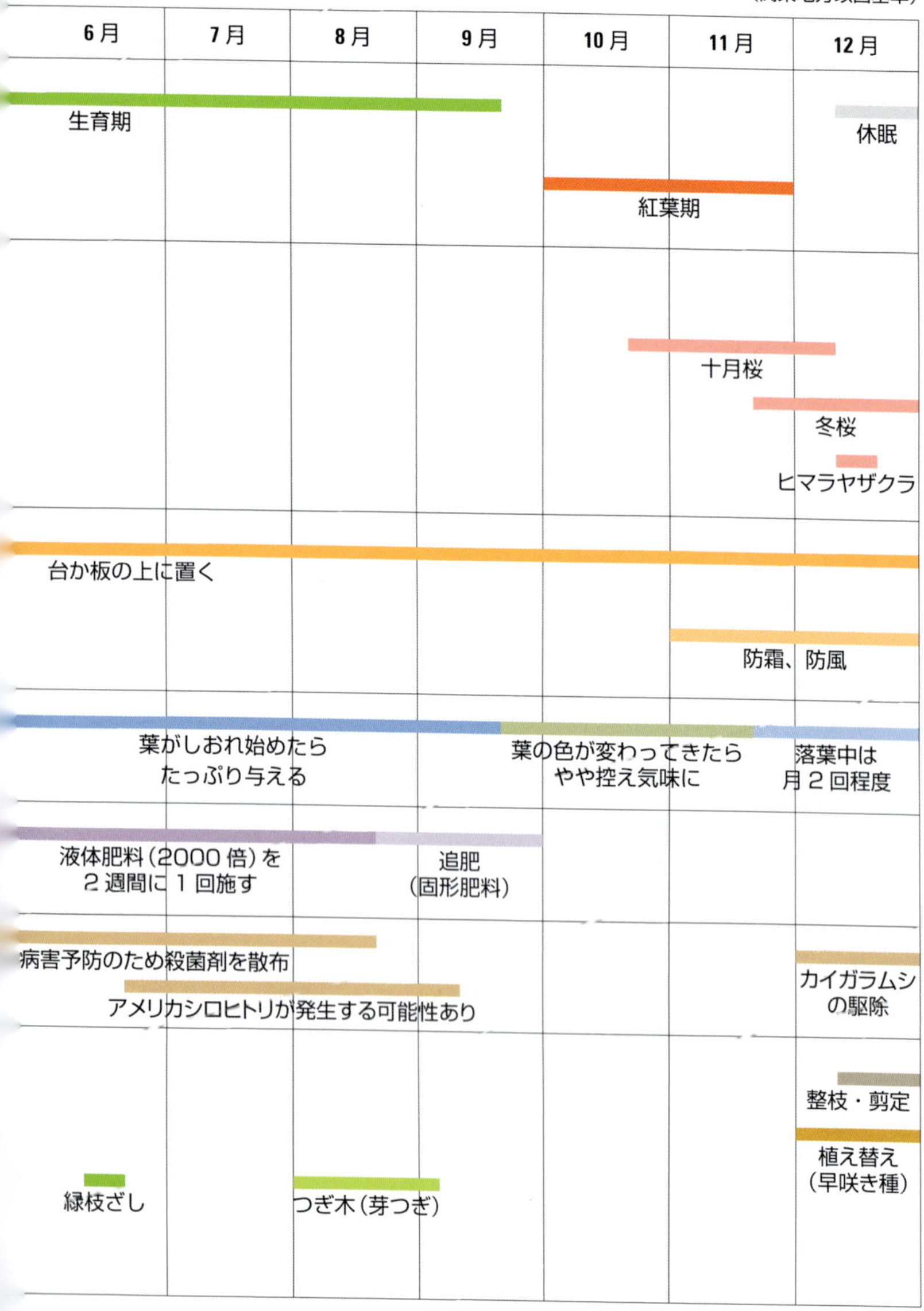
6月
7月
8月
9月
10月
11月
12月
生育期
休眠
紅葉期
十月桜
冬桜
ヒマラヤザクラ
台か板の上に置く
防霜、防風
葉がしおれ始めたら
たっぷり与える
葉の色が変わってきたら
やや控え気味に
落葉中は
月２回程度
液体肥料（2000倍）を
２週間に１回施す
追肥
（固形肥料）
病害予防のため殺菌剤を散布
アメリカシロヒトリが発生する可能性あり
カイガラムシ
の駆除
整枝・剪定
植え替え
（早咲き種）
緑枝ざし
つぎ木（芽つぎ）

サクラ　年間の管理・作業暦（鉢植え）

月	1月	2月	3月	4月	5月
生育状態	休眠	根が活動開始	萌芽		開葉
開花期		早咲き系（カンヒザクラ、河津桜、オカメ、陽光、みやびなど）	染井吉野 ヤマザクラ、オオシマザクラ 十月桜、冬桜など	サトザクラ	
置き場	日当たりのよい カンヒザクラ、河津桜、陽光、みやび、ヒマラヤザクラなどは、強い霜、冷たい風を防げる日当たりのよい場所に置く				
水やり	落葉期間中の水やりは月に2回程度			蕾が色づいてきたらやや多めに与える	
肥料	寒肥 （固形肥料）		花後の芽出し肥（N-P-K＝8-8-8の化成肥料）		
病害虫の防除	カイガラムシの駆除 （歯ブラシでかき落とす）				
主な作業	整枝・剪定	植え替え、鉢上げ 穂木の採取	さし木	シダレザクラ、サトザクラの剪定	

1月

庭植え　整枝・剪定の適期。太い枝を切り詰めることも可能。ただし、太い枝の切り口には必ず保護剤を塗っておくこと。
鉢植え　花芽を残し、貧弱な枝などは整理する。

今月の株の状態

多くの品種は休眠中なので、いろいろな作業が行えます。11月から12月に畑から掘り上げられたつぎ木苗は、まだ市場には出回っていませんが、手持ちのサクラ苗には、次のような作業が待っています。

●庭植えの管理と手入れ

‘十月桜’や‘冬桜’、12月咲きのヒマラヤザクラ、早咲きの‘彼岸桜’、温暖な地域に見られる‘大寒桜’などは、厳寒期とはいえ根は活動していますが、多くのサクラは休眠中なので整枝・剪定を行い、無駄な枝を整理します。もう少し枝を切り詰めたいときは、2～3年前の太い枝の切り詰めも行えます。

太い枝を切る場合、木バサミや剪定バサミを使いますが、無理をして切り口が裂けるような切り方は避けます。太めの枝は必ずノコギリで切るようにし、切り口はナイフかノミで表面を平らに削り直し、トップジンMペーストなどの保護剤を塗っておきます。

寒肥　今月下旬に木の周囲に溝を掘り、堆肥や油かす、完熟鶏ふんなど有機質を施して埋め戻しておきます。

病害虫の防除　カイガラムシの発生が見られた場合は、マシン油乳剤を散布して駆除します。

●鉢植えの管理と手入れ

置き場　日当たり、風通しのよい場所に置いてよいのですが、早咲きの品種は強い霜や雪を防げる場所を選びたいものです。強い風が吹く季節なので鉢は低いところに置き、風で倒れないよう支柱を添えておくことも大切です。

JBP-S. Maruyama

太枝を切ったあとは、必ず切り口に癒合剤か木工用接着剤を塗っておく。

水やり　鉢土の乾きは遅いので、まめに行う必要はありません。日照りが何日も続くときには、鉢の質や鉢土の乾き具合にもよりますが、7〜10日に1回ぐらいの割合で水やりします。

肥料　下旬に寒肥として油かすに骨粉を30％ほど加えた固形肥料を、鉢の大きさに応じて置き肥として施します。

剪定　この時期には、花芽と葉芽がはっきり判別できるので、花芽を残し、長い枝、細くて貧弱な枝は整理しておきます。前年生枝の切り口は小さいので、保護剤の塗布は行うほうがベターですが、省略してもまず問題ありません。

病害虫の防除　カイガラムシが発生しているものは1〜2鉢であれば歯ブラシでかき落とし、マシン油乳剤を散布して駆除しておきます。

Kosakusha

早咲きのカンヒザクラ。

2 月

庭植え　整枝・剪定は上旬ごろまでに済ませる。
1月に引き続きカイガラムシの駆除。寒肥を施す適期。
鉢植え　日当たりのよい場所に置く。下旬は植え替えの適期。

今月の株の状態

立春とはいえ、1年で一番寒さの厳しい時期です。それでも中旬を過ぎると、土中の根は3月から4月の萌芽や開花に備え、活動の準備に入ります。〝河津桜《かわづざくら》〟や〝大寒桜〟など早咲きの品種は、中旬以降、日増しに蕾のふくらみが目立ち、下旬には蕾も色づきを増してきます。

●庭植えの管理と手入れ

整枝・剪定　3月下旬以降に咲く一般的な品種については、上旬ごろまで剪定が行えます。

植えつけ　最適期です。植え穴は大きめに掘り、堆肥などを植え、土とよく混ぜ、高めに植えつけ、水やり後、支柱をしっかり取りつけておきます。**寒肥**　前月に引き続き上旬ごろまでに施します。有機質の遅効性肥料を根元周囲に溝を掘って埋め込むように施します。

病害虫の防除　カイガラムシの駆除には1月に引き続きマシン油乳剤を散布すると効果的ですが、この薬の散布は1月から2月、合わせて3回までにとどめておくことも大切です。

●鉢植えの管理と手入れ

置き場　できるだけ日当たりのよい場所に置くことが大切です。日照量が少ないと花の色が十分に発色しません。根も伸び始めるので、土の上に置く場合は、必ず鉢の下に木の板やゴムシートなどを敷き、底穴から伸び出て土中に根を張るのを防ぐことも大切です。

水やり　開花には多くの水分が大切です。水分が不足すると花弁が十分伸びず、品種本来の花の大きさになりません。しかし、まだ鉢土も凍る季節なので、過湿には十分注意が必要です。

肥料　前月に引き続き、上旬までに有機質の遅効性肥料を寒肥として施しておきます。

病害虫の防除　カイガラムシが付着していた場合、少量であれば古い歯ブラシでかき落とすか、家庭園芸用のマシン油乳剤を散布し駆除します。

そのほか　早咲きの品種で3年以上植え替えをしていないものは上旬に植え替えをしますが、普通の品種は下旬に植え替えます。根にこぶがついていたらきれいに切り取り、切り口にトップジンMペーストを塗っておきます。

　マメザクラのさし穂や切りつぎのつぎ穂の採取は上旬の3～5日（節分の前後）の間に行い、日のよく当たる土中に埋めるか、ビニール袋に入れて冷蔵庫の野菜庫で貯蔵しておきます。

3月

庭植え　中旬までが植えつけの適期（ポット植えの苗は3月末まで可能）。切りつぎを行う好機。
鉢植え　開花中は、軒下など雨の当たらない場所で管理する。

JBP-S. Maruyama

濃いピンク色の花色で人気の高い‘陽光’。

今月の株の状態

いよいよ開花の季節です。日一日と気温が上昇するのも肌に感じられるようになると、‘河津桜’や‘修善《しゅぜん》寺《じ》桜《ざくら》’‘大寒桜’などは一気に蕾がふくらみ、日当たりのよいところに植えられている‘河津桜’は満開となります。

●庭植えの管理と手入れ

一応基本的な冬の作業は終わり、萌芽、開花を待つのみですが、苗木の植えつけは3月中旬まで行えます。ポット植えの苗木であれば3月いっぱいまで植えつけが可能です。庭植えの場合、植えつけのときにたっぷり水を与えておけば、その後の水やりはほとんど不要です。

つぎ木　今月中旬から下旬が適期です。庭や鉢に植えてある台木を使い、2月上旬に採取・貯蔵しておいた穂木を使い「切りつぎ法」（108ページ）で行います。ついだものは穂木が乾かないよう、穂木まですっかり土をかけておきます。

●鉢植えの管理と手入れ

置き場　前月に引き続き日当たりのよい場所に置きますが、花は雨や霜に当てると傷みやすいので、開花中は軒下など雨の当たらないところに置くことをおすすめします。しかし、花が終わりに近づくころになると、枝先の芽が萌芽し始めるので、このような状態になったら1日も早く戸外に出して十分に陽光に当て、花びらの散り始めたものは早めに取り除きます。

水やり　新芽も伸び始めるので鉢土の表面が乾いたら水を与えますが、1日1回で十分です。

肥料　花が全部散り、花がらをきれいに摘み取ったら「お礼肥《れいごえ》」としてチッ素（N）－リン酸（P）－カリ（K）＝8－8－8の粒状化成肥料を置き肥として施します。分量は7～8号鉢でダイズ大の粒を15粒程度が目安です。

病害虫の防除　日照や通風が悪い場合、または品種によってアブラムシの発生が見られるので、早めに駆除していきます。中旬ごろにオルトラン粒剤を鉢土の表面にまいておくと効果的です。

そのほか　マメザクラはさし木の適期です。2月上旬に採取・貯蔵しておいたさし穂の穂木を20日ごろに3～4芽ずつ切り分けます。基部をクサビ状に削って、30分ほど水揚げしたあと、小粒の赤玉土を使い、駄温《だおん》の平鉢か、さし木用トレイにさします。その後、1か月ほどは半日陰で管理します。

4月

庭植え　咲き終わった木にはお礼肥を施す。ヤエザクラや、シダレザクラは、花後に開花した枝を半分ほどまで切り戻す。

鉢植え　花が終わったら、基部の2～3芽を残して切り戻す。

JBP-S. Maruyama

満開を迎えた‘染井吉野’。

今月の株の状態

遅咲きのオオヤマザクラ系のサトザクラや、ほとんどのサクラが4月中には咲き終わり、同時に新しい葉が次々と開いてきます。間をおかず来年の準備にかかりましょう。

●庭植えの管理と手入れ

お礼肥　花の終わった木から順に「お礼肥」として粒状化成肥料（N－P－K＝8－8－8）を、木の大きさに応じ、根元に1～2つかみばらまいておきます。

病害虫の防除　日照や通風が悪いと萌芽した新

芽にアブラムシの発生が見られます。また、葉が開ききるころになるとオビカレハの幼虫が枝の分岐点にクモの巣状の膜を張って発生する場合があります。アブラムシはスプレー式の殺虫剤で駆除し、オビカレハの幼虫の膜は手で取り除くか焼却します。

整枝・剪定　ヤエザクラやシダレザクラは、放任すると花の咲く位置が先へ先へと伸びていくので、花の咲いた枝を半分くらいのところで切り詰めておくと、枝の伸びをある程度抑えることができます。

●鉢植えの管理と手入れ

置き場　日当たりと風通しのよい場所に置きますが、新梢が伸びるので鉢と鉢の間隔を十分にとっておきます。鉢を地面に置く場合は、根が土中に伸びるのを防ぐために、必ず木板かコンクリート板、ゴムシートなどの上に置きます。

水やり　新梢の伸びる時期は水を十分に欲しがるので、鉢土の表面が乾いたらたっぷり水やりをします。ただし、過湿には十分注意します。

肥料　花の終わった木は花がらを摘み取り「お礼肥」（N−P−K＝8−8−8）を施しますが、多くは必要ありません。

病害虫の防除　新梢にアブラムシが発生することがあります。家庭園芸用のスプレー式殺虫剤で駆除するのが手軽な方法ですが、浸透移行性のオルトラン粒剤を鉢土の表面に散布しておくと長期間効果があります。

花後の剪定　花後、枝を放任すると先端の芽が充実して花芽分化が行われるため、花の咲く位置が先へ伸びてしまいます。そこで、基部の芽を2～3芽残して切り、基部の芽に花を咲かせるようにすることが、コンパクトな姿で鉢植えを楽しむためのポイントです。

5月

庭植え　アブラムシやオビカレハの幼虫に注意。早期発見、早期駆除を心がける。

鉢植え　水切れに注意。2000倍に薄めた液体肥料を10日に1回。

JBP-S. Maruyama

八重咲きの代表的品種‘関山’。

今月の株の状態

花はほとんど終わり葉桜の美しい時期です。4月に芽吹いた新梢も、今月の中旬ごろまでには伸長も止まって、そろそろ充実期に向かっています。木は、これから徐々に翌年の花を咲かせるための準備に入っていく大切な季節です。

●庭植えの管理と手入れ

この時期は、特別な作業はありません。ただし、4月に引き続き日々の観察を怠らず、害虫の早期発見、早期駆除に努めましょう。

病害虫の防除　新芽にアブラムシが発生したり、

枝の分岐点にクモの巣状の膜を張るオビカレハの幼虫が発生する季節です。発生初期であれば容易に駆除できます。

アブラムシは発生しだい、殺虫剤の散布で駆除していけば簡単ですが、面倒なのはカイガラムシで、このころから幼虫が発生します。発生初期は非常に小さくて目視が困難なほどですが、目視可能になると体がロウ質に覆われてしまうので殺虫剤が効かなくなります。

すでにカイガラムシの発生が確認されている木には、5月から7月にかけて月に1回オルトラン水和剤を散布しておくと効果的です。幼虫時ならば、マラソン乳剤かスミチオン乳剤でも駆除できますが、これらの殺虫剤は10〜15日おきに頻繁に散布する必要があります。

●鉢植えの管理と手入れ

置き場　前月に引き続き日当たりと風通しのよい場所で管理します。鉢底から出た根が土中に伸び出ないよう十分注意します。また、鉢が倒れたり体が触れたりすると、新しい枝が簡単に折れてしまうので、倒れないよう支柱を添えておくことも大切です。

水やり　葉が全開していて蒸散も盛んに行われているため、晴天の日にはたっぷり水を与えます。うっかり乾かして葉を傷めてしまうと、翌年の開花に影響を及ぼすので十分注意します。

肥料　鉢植えは限られた土中で生育しているため、肥料切れには注意が必要です。中・下旬から水やりを兼ねて、2000倍に薄めた液体肥料を10日おきくらいに施します。

病害虫の防除　鉢植えの場合、あまり見られませんが、品種によってカイガラムシの発生が見られます。鉢土の上に浸透移行性のオルトラン粒剤を施しておくと効果があります。

6月

庭植え　春からの枝の成長が止まり、これからが充実期。剪定は絶対に行わないこと。
鉢植え　2000倍の液体肥料を10日に1回施し続ける。梅雨ざしの好機。

今月の株の状態

枝葉はすっかり伸びきり、最も充実する季節です。この時期の充実具合が翌年の開花を大きく左右します。小さめの鉢や3年ほど植え替えをしていない鉢植えのサクラは、下旬になると花芽分化が行われます。

●庭植えの管理と手入れ

枝の切り詰めは厳禁　枝が長く伸びたからと切り詰めてしまうと、再び枝を伸ばしてしまい、花を咲かせるべき芽が枝や葉になってしまうので、絶対に切らないことが大切です。

病害虫の防除　アメリカシロヒトリの1回目の発生は今ごろからですが、殺虫剤によって容易に駆除できます。

台木づくりのためのタネまき　この時期に公園などのサクラを見ると、赤黒色に熟した小さな果実がたくさんなっています。この果実を拾い集め、果皮と果肉を取り除き、すぐに川砂と混ぜて土中に埋めておきます。これを翌年3月上旬に取り出し、庭か鉢にまくとよく発芽します。庭にまいたものは1年で高さ1mぐらいの苗木に育ち、台木に利用できる大きさになります。

6月

●鉢植えの管理と手入れ

置き場　前月同様の管理でよく、特に注意しなくてはならないということはありません。

水やり　梅雨に入り、雨の多い季節となるので水やり回数は減りますが、2〜3日晴天が続くと、鉢土は乾いてしまうので十分注意します。

肥料　改めて置き肥を施す必要はなく、水やりの代わりに2000倍の液体肥料を10日おきにかけてやる程度で十分です。

病害虫の防除　前月に準じます。数鉢であればほとんど発生は見られません。発生したとしても、こまめに観察していれば駆除は容易です。

そのほか　マメザクラ系には、さし木可能な品種が多く見られます。特に'十月桜'はよく発根します。3月には「休眠枝ざし」が行えますが、「梅雨ざし」の適期は6月中旬で、今年伸びた充実した中程度の長さの枝を使います。

さし穂は3〜4節ずつ切り分け、基部をクサビ状に削って30分ほど水揚げします。その後、基部に発根促進剤をつけ、小粒の赤玉土か鹿沼土で駄温の平鉢か、さし木用トレイにさします。半日陰で管理すると2〜3か月で発根します。

活着したマメザクラのさし木苗。

JBP-S. Maruyama

7 月

庭植え　梅雨明け後はハダニの発生に注意。
鉢植え　梅雨が明けたら、午後の日ざしを遮ることができる場所へ移し、水やりは1日2回に。引き続き液体肥料を施す。

JBP-S. Maruyama

枝は充実し、花芽分化の時期を迎える。

今月の株の状態

木の姿には特に目立った変化は見られませんが、来年の花となる芽がつくられる最も大切な時期（花芽分化期）なので、枝を切ったり葉をもいだりすることは厳禁です。また、肥料も不要です。下旬は梅雨も明け、強い日ざしの日々が続きます。

●庭植えの管理と手入れ

今月はこれといった作業はありません。ただし庭植えの場合、下旬にはアメリカシロヒトリの2回目の発生が見られるので、日々注意深く観察し、発生を見たときは早めに駆除します。また、品種によってはうどんこ病の発生も見られるので、ときどき予防のために適用のある殺菌剤の散布も行うとよいでしょう。

ハダニに注意　梅雨明け後、日照りが続いて乾燥するとハダニの発生も見られます。これには一般の殺虫剤ではなく「殺ダニ剤」を使用して駆除します。

●鉢植えの管理と手入れ

花芽の形成（花芽分化）は今月中にすべて行われます。

置き場　梅雨が明けると日ざしはいちだんと強くなり、乾きも激しくなってきます。鉢は終日強い日の当たるところより、午後の日ざしを遮るくらいのところへ移します。

鉢をのせる台もコンクリートやコンクリートブロック、石板などでは輻射熱《ふくしゃねつ》が強いので、この上に人工芝や発泡スチロール製のトレイを置き、その上に鉢をのせるなどして、倒れないように支柱で保護しておきます。

水やり　下旬以降は日ざしが強くなり、鉢土もよく乾くので、1日2回、朝夕の水やりが必要です。うっかり乾かして葉を傷めないようにしましょう。また、無精を決めこんでいつも受け皿に水をためておくと、日中の暑さでお湯になってしまい、根が煮えて腐ってしまいます。

肥料　特に置き肥を施す必要はありません。前月から行っている水やり代わりの薄い液体肥料で十分です。

病害虫の防除　鉢植えではあまり見られませんが、害虫の予防に、念のため、根元にオルトラン粒剤をまいておくとよいでしょう。乾きが激しいとハダニの発生が見られるので、ときどき殺ダニ剤の散布をおすすめします。

8月

庭植え　リン酸、カリ分の多い肥料を追肥し、木の充実を促す。芽つぎを行う好機（9月10日ごろまで）。
鉢植え　強光線による葉焼けに注意。庭植え同様、追肥を行う。

今月の株の状態

前月に引き続き、木は充実期です。これから台風シーズンに入りますが、春に剪定をして枝を軽くした木であれば、改めて処置をする必要はありません。刈り込み仕立ての木は秋芽が見られます（初秋に新しい枝を伸ばす）が、この枝は今は切らずにおきます。

●庭植えの管理と手入れ

肥料　秋は幹がよく太る時期ですから、今のうちにリン酸、カリ成分を施しておくと効果的です。そこで今月中旬以降に、油かすに粒状の緩効性化成肥料（N−P−K＝8−8−8）を等量混ぜたものを追肥として施します。

芽つぎの適期　台木があれば、繁殖の一方法である「芽つぎ法」が、翌月10日ごろまで行えます。つぎ木は難しそうに思われがちですが、初めての人でもわりあい簡単に行えるので、台木を育てて試みるのも楽しみの一つです。

●鉢植えの管理と手入れ

置き場　午後の強い直射日光が当たらない場所のほうが、日焼けによる葉の傷みも防げるので、前月と同じところに置きます。ただし、8月から9月にかけては台風シーズンなので、鉢が倒れるのを防ぐ処置は、しっかり行っておきます。

水やり　まだ暑さも厳しいので、乾燥には注意し、朝夕2回の水やりが必要です。

肥料　庭木同様、追肥を行い、冬の寒さに対する十分な抵抗力をつけておきます。油かすに骨粉を加えた市販の固形肥料を、鉢の大きさに応じ置き肥します。

　また、これとは別に、水やり代わりの薄い液体肥料の追肥は引き続き行います。

病害虫の防除　少量の鉢植えの場合は病害虫の被害はほとんど考えなくてよいのですが、念のため害虫の予防にオルトラン粒剤を40〜50日おきに鉢土の表面にまいておくとよいでしょう。

そのほか　鉢植え苗の枝に別の品種の花を咲かせたい場合は、今月中に別の品種を芽つぎしておくと、1本の木で2〜3種の花が楽しめます。この場合は同じような系統の品種をつぐことが大切です。例えば'関山《かんざん》'の1枝に'河津桜'や'十月桜'の芽をつぐことは避け、'関山'ならば'鬱金《うこん》'や'御衣黄《ぎょいこう》'など、花形、開花期が似たような品種をつぐことをおすすめします。

鉢植えには、油かす系の固形肥料を置き肥として施し（左）、庭植えには油かすと緩効性化成肥料（N-P-K＝8-8-8）を等量に混ぜたもの（右）を株の周囲に施す。

9月

庭植え　追肥が済んでいない場合は、早めに施す。
鉢植え　中旬からは、十分に日の当たる場所に戻す。
今年最後の追肥は上旬までに済ませる。

今月の株の状態

9月に入ると、来年春に咲く花の準備はすっかりでき上がっていますが、外見的には芽が少し大きくなっている程度で、前月とほとんど変わっていません。

しかし、よく見れば、この芽が花を咲かせる花芽なのか、枝になってしまう葉芽なのかは、はっきり区別することができます。

●庭植えの管理と手入れ

剪定などを行う必要はなく、また病害虫の発生も少ない季節なので、これといった作業はありません。

追肥　8月中旬から下旬にかけての追肥（油かすに粒状化成肥料を等量混ぜたもの）をまだ施してない場合は、上旬の早めの時期に施すことをおすすめします。

芽つぎ　前月に引き続き、上旬の10日ぐらいまでは可能です。手元に台木があれば挑戦してみてください。

●鉢植えの管理と手入れ

置き場　8月は暑さが厳しいので午後の日ざしを遮るところに置いた鉢も、今月中旬ごろからは、再び日のよく当たる場所に戻し、十分日光に当てるようにします。

引き続き、鉢底からの根の伸び出しには十分注意します。

水やり　残暑が続くので、鉢土の表面が乾いたらたっぷり水やりをします。

しかし、暑いとはいっても8月に比べると朝夕は秋の気配も感じられるようになり、土の乾きもだいぶ遅くなってきているので、水やりの回数も徐々に控えていくことになります。

肥料　8月下旬に追肥を行わなかったものには今年最後の追肥を上旬までに済ませます。

病害虫の防除　今までに発生がなければ、これから発生することはまずないと考えてよいでしょう。

芽つぎ作業を終えた状態。芽が活着してから、台木は切り詰める（109ページ参照）。

10月

庭植え　花芽のある枝は大切に。そろそろ休眠期に入る時期だが、剪定は厳禁。

鉢植え　水やりは鉢土が十分乾いてきたときに行う。過湿に注意。

JBP-S. Maruyama

可憐な‘十月桜’。春にも再び開花する。

今月の株の状態

近年は温暖化の影響のためか、10月に入ってもまだ葉の色は緑が強く、紅葉の季節にはやや早いのですが、すでに地上部や根は十分に成長しており、今年の生育活動は少しずつ緩慢になってきます。

花芽は日増しに充実し、あとは休眠に入るばかりとなっていますが、まだこの時期はいつ暖かい日に逆戻りするかわかりません。早まって枝を切ってしまうと、晩秋になって芽が動きだすおそれがあるので、剪定はもう少し待ちたいものです。

●庭植えの管理と手入れ

前月に引き続き、これといった作業はありません。台風などで花芽のついた小さな枝を折ったりしないよう、大事に見守っていきます。

土中の養分を吸収し、葉でつくられた炭水化合物を枝や幹、根に蓄積して冬の寒さに備えた樹体づくりを一生懸命行っているときでもあるので、もう肥料は必要ありません。

また、剪定は絶対に避けなければいけません。不要な枝とわかっていても、この時期に剪定を行うと、必要以上のエネルギーを消耗し、木にストレスを与えてしまいます。

●鉢植えの管理と手入れ

置き場　日ざしも8月ごろに比べるとずいぶん弱くなってきているので、できるだけ日当たりのよいところで管理します。〝十月桜〟は中旬ごろからちらほらと咲き始めますので、日当たりと風通しのよい暖かいところへ移して観賞します。

水やり　まだ葉の緑も濃く、盛んに光合成が行われているので、日照りが続くときや根鉢の表面が乾いてきたときは水やりを行いますが、過湿で根を傷めないよう与えすぎには注意します。

肥料　土中に残っているわずかな養分で十分ですから、もう固形肥料の置き肥は施しません。

ただし、まだ、葉もしっかりしているので薄い液体肥料は従来どおり水やり代わりに施してもさしつかえありません。

病害虫の防除　品種によっては葉にうどんこ病が発生することもあります。しかし、今年の葉の活動期はほとんど終わりに近づいているので、よほどひどくなければそのままにしておいても、翌春の開花にはさしつかえありません。

11月

庭植え　下旬にはすっかり休眠期に入るが、剪定を行うのはもう1か月ほどたってからがよい。
鉢植え　鉢土の乾きは緩慢になるので、水やりは控えめにする。

JBP-Y.Sakurano

寂しくなった庭に彩りを与える‘冬桜’。

今月の株の状態

最低気温が10℃以下になると、そろそろ葉を落とす準備が始まり、7～8℃まで下がってくると葉柄の枝とのつけ根部分に「離層」と呼ばれるコルク質の物質がつくられます。こうなると葉で行われる光合成の動きが止まり、枝や幹への養分の移動が妨げられることで葉に蓄えられた糖分が、アントシアニンという赤色の色素に変わります。こうして徐々に紅葉が始まります。しかし、この秋の紅葉もつかの間、木枯らしとともに葉は落ちてしまい、下旬にはすっかり休眠期に入ってしまいます。

〝冬桜〟もぼちぼち咲き始め、〝十月桜〟とともに、冬枯れの庭に彩りを添えてくれます。

●庭植えの管理と手入れ

葉がきれいに落ちてしまったからといって、すぐに剪定に取りかかるようなことは避け、少なくとも1か月ぐらいは木を休ませてやりましょう。こうすることによって枝の先端まで充実し、しっかりした枝になります。

水やりはもちろん必要ありません。寒肥についても、まだ必要ありません。もう少したってから施すのがよいでしょう。

切りつぎした苗の保護　春に切りつぎした苗は、下旬には葉をきれいにもぎ取って掘り上げ、庭の隅の日当たりのよいところに仮植えしておきます。つぎ口が土に埋まるように、根元に土を盛って伏せ込んでおくことが大切です。

●鉢植えの管理と手入れ

置き場　葉のついている株はもちろん、葉の落ちてしまった株もできるだけ日当たりのよいところに置きます。この時期になると、土の上に直接鉢を置いても根が土中に長く伸び出すようなことはありませんが、できるだけ直接置くことは避けたいものです。

水やり　葉がないと土の乾き方もずいぶんと緩慢になりますが、鉢土の表面が乾いたときは水やりを行います。ただし、それほど多く与える必要はありません。

肥料　すでに休眠期なので、寒肥を施すまで、肥料はまったく必要ありません。

病害虫の防除　この時期は特に見られません。

そのほか　花が咲き始めた〝冬桜〟の鉢植えは風の当たらない日だまりに置き、乾燥に気をつけながら楽しみます。

12月

庭植え　剪定の適期を迎える。苗木の植えつけ、植え替え、寒肥などの作業も行う好機。
鉢植え　剪定の適期。水やりは鉢土が乾いてから4～5日後に。

今月の株の状態

近年温暖化しているとはいえ、多くの落葉樹は完全に葉を落として丸裸の状態になります。サクラの場合も、すべての枝の状態がよくわかるようになるため、剪定の適期です。また、苗木の植えつけや施肥（寒肥）、鉢植えの植えつけや植え替えといった作業のほか、厳寒期のほうがより効果的に行える害虫駆除など、冬の期間ならではの作業が多く待ち受けています。

●庭植えの管理と手入れ

樹形づくりのための剪定はもとより、細かい枝の枝抜きを行うにも適した季節です。切らないでおくと樹冠内の採光や通風の妨げになり、病害虫の発生を促す原因となります。

整姿・剪定　中旬ごろから作業適期となります。刈り込み仕立てで樹冠の周囲の形を整えるとともに、樹冠内部の細かい枝の抜き取りも大切です。小庭園用の盃状形《はいじょうけい》仕立ては、まず骨格づくりを行い、その太い骨組みから細い骨を均等に配置するように小枝をつくっていきます。

病害虫の防除　この時期の病害虫の防除といえばカイガラムシの駆除作業が主です。今月から

2月いっぱいまでにマシン油乳剤を2～3回散布していきますが、ひどく発生している場合は、タワシでよくかき落としてから散布すると、さらに効果的です。

●鉢植えの管理と手入れ

置き場　前月に引き続き日当たりと風通しのよいところに置きます。直接地面に置くことは避け、ゴムシート、または遮根性のシートを敷いてその上に置きます。

JBP-S. Maruyama

小さく仕立てたい場合は、遮根性地中ポットを使って植えつけるのもよい方法（72、75ページ参照）。

水やり　休眠期なので、あまり鉢土も乾きません。鉢土の表面が白く乾いてきたときは、その後4～5日たってから水を与えるようにすれば十分です。受け皿に水をためるようなことは絶対に避けます。

肥料　今はまだ寒肥を施す必要はありません。寒肥は根の活動が始まるころに肥料が効き始めるのが効果的なので、1月中旬ごろが適期です。

病害虫の防除　鉢植えではほとんど見られませんが、管理が行き届かないとカイガラムシの被害が見られます。その場合はマシン油乳剤を散布して駆除します。鉢植えの場合は各芽に花芽が形成されているため、下手にブラシなどでこすり落とそうとすると、芽までかき落としてしまう場合がよくあります。そうした失敗を防ぐためにも、ふだんからオルトラン粒剤を使い発生を抑えていくことが大切です。

品種を選ぶときのポイント

ヤマザクラやオオシマザクラ、エドヒガンザクラなどの基本種は、苗木として販売されることはほとんどありません。入手が容易なのはカンヒザクラぐらいで、まれにオオシマザクラの苗が見られる程度です。

基本種が売られていない理由は、木が大きくなること、花が園芸品種に比べると美しさに欠けること、花が密に咲かないこと、などです。

苗木が求めやすい品種を選ぶことが基本で、市販されていない品種は大きな種苗店に頼み、2〜3年待って苗をつくってもらうか、自分で台木を育てて苗をつくるしかありません。

庭で小さい樹形に仕立てたり、鉢植えで1〜1.5mの高さで楽しみたい場合は、園芸品種のなかでも花つきのよい豪華な品種が適します。例えば〝染井吉野〟やオオシマザクラ系のサトザクラ、またヤマザクラ系の大輪種や八重咲き種、カンヒザクラの血が入った〝河津桜〟や〝みやび〟〝大寒桜〟など、花つきのよい品種を選ぶことをおすすめします。

10月下旬から11月に咲く〝十月桜〟や、冬の間はぱらぱらと咲き、再び4月に咲く〝冬桜〟、小輪のマメザクラのようなものは、大きく育てても見栄えがしないので、5〜6号鉢を使い、高さ60〜70㎝の大きさで楽しむことをおすすめします。

苗を購入するときの注意点

苗木は5～6号のビニールポットに上げて1年間培養したものが多く、街の園芸店ではほとんどがこの苗木ですが、郊外にある園芸売り場などでは地掘り苗が売られています。

鉢植えの苗木は根の状態を見ることは不可能ですから地上部で判断します。①つぎ口がしっかり癒合しているか、②台木の地際部分にこぶがついていないか、③枝は品種特有の太さか(品種によって太さの差は相当あります)、④害虫の付着（特にカイガラムシ）や根元付近に傷はないか、といった点に注意して選びます。

品種が確かであることが一番大切ですが、これは、苗につけられているラベルを信じて購入するしかありません。

地掘り苗は根の状態を見ることが可能なので、根の状態やつぎ口の確認は容易です。

つぎ木苗はだいたい2段根になっている場合が多く見られます。実生《みしょう》苗の台木の場合は1段根になっていますが、いずれも細かい根がたくさん出ている苗を選びます。太くて長い根が数少なく出ているものは避けます。やはり、①つぎ口がしっかりしていること、②苗は太からず細からず、素直に伸びていること、③芽と芽の間隔が詰まりすぎず間のびしていないこと、④カイガラムシが付着していないこと、⑤苗に傷のないこと、などに注意して苗を選びます。

苗木の植えつけ

庭への植えつけ

●植え場所の選定と土壌改良

　サクラは、日当たりがよいところを好みますが、強い西日の当たって乾くところはあまり好みません。土壌は、通気性、透水性がよく、肥沃で水もちのよい土壌を好みます。

　植え場所が決まったら、植え穴やそのまわりの土壌を改良しておきます。サクラの根系は浅く広く張る性質があり、細かい根は地表面下30cmぐらいまでにたくさん伸びているので、必要以上に深く改良する必要はない、と考えがちですが、たとえ30cmまでの土の層が良質でも、その下の層の透水性が悪いと過湿になってしまいます。そこで、もしも庭土の水はけが悪い場合は、広く深く土壌改良をすることが必要です。

●植えつけの時期

　植えつけ作業は、掘り上げ直後よりも仮植してから1か月以上たち、枝が充実した12月か、翌年2月中旬から3月上旬ごろ（寒冷地では3月下旬から4月ごろ）に済ませたいものです。

●入手した苗木の処置

　市販の苗木には「苗を購入するときの注意点」（69ページ）でも紹介しましたように2種類の形態があります。

　一つは、つぎ木苗を5.5～6号のビニールまた

庭への植えつけ

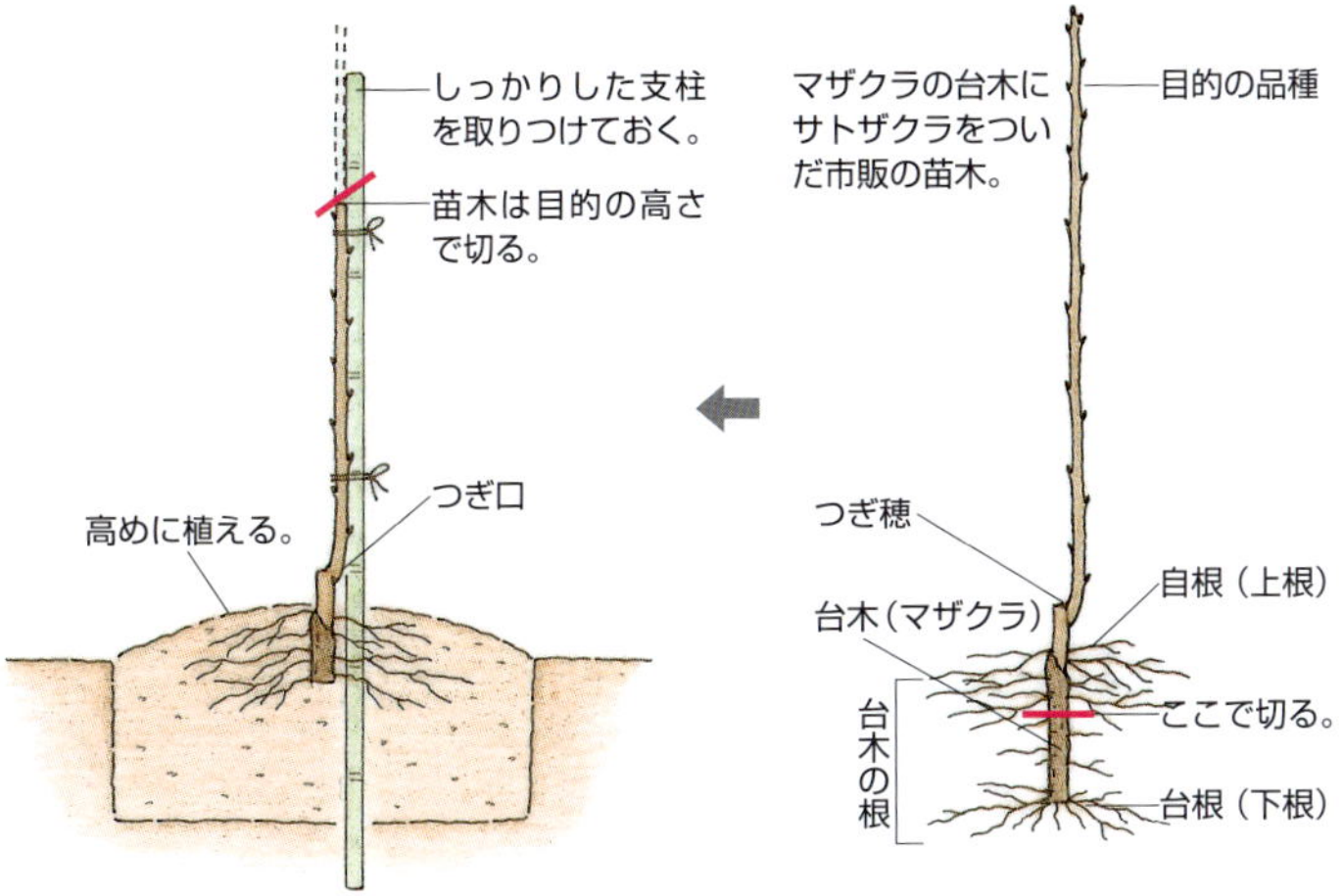
しっかりした支柱
を取りつけておく。
苗木は目的の高さ
で切る。
つぎ口
高めに植える。
マザクラの台木に
サトザクラをつい
だ市販の苗木。
目的の品種
つぎ穂
自根（上根）
台木（マザクラ）
台木の根
ここで切る。
台根（下根）

はプラスチック製の鉢に植えつけ、1年間培養した「鉢上げ苗」です。つまり、昨年3月につぎ木したものを11月ごろに掘り上げ、今年の2〜3月にコンテナに植えたものが、今年の秋から翌年2〜4月に鉢植え苗として売り出されるわけです。

もう一つは、2〜3月に切りつぎして11月ごろに掘り上げた苗が、掘り上げたままの状態で売りに出される「地掘り苗」です。

マザクラ台木の2段根は切り取る　サクラ苗はほとんどがつぎ木苗でつくられています。エドヒガンザクラ系の品種やシダレザクラはエドヒガンザクラの実生苗を台木に、〝十月桜〟や〝冬桜〟、カンヒザクラなどはヤマザクラかエドヒガンザクラの実生苗が台木に使われていますが、サトザクラ系のヤエザクラの多くや、最も多く苗が生産されている〝染井吉野〟は、昔からマザクラ（地域によってアオハダとも呼ぶ）と呼ぶオオシマザクラ系の苗を台木に使います。このマザクラはさし木で苗が容易につくれる、といった特徴があります。

実生台木の場合は直根や長い根、折れている根を切り詰める程度で植えつけてよいのですが、マザクラ台木の場合は上、下2段根となっていることが多く、その場合は80ページのように下段の根は切り取って植えつけるようにします。

鉢植え苗の根の処理　鉢植えの苗の場合、庭土と鉢土が著しく異なるときには根鉢の土をふるい落として庭土になじみやすくして植えますが、同じような土質であれば根鉢をくずさずに植えてかまいません。しかし根が鉢内に回りきっているときには根鉢を少しくずして植えつけます。

●植えつけ作業

まず、根を広げた状態より大きめの穴を掘ります。腐葉土か完熟堆肥をショベルで1〜2杯、植え穴の底に施し、細かく砕いた土とよく混ぜ合わせます。この中に根を四方に広げて据え、土を半分ほど埋め戻したら水を注ぎ、軽く前後左右に動かして土を根の間に入れます。同時に、つぎ口が少し地上部に出るぐらいの深さに調節して再び土を入れ、つぎ口が地上部に少し出るくらいまで土を盛り、高めになるようにします。植え終えたら軽く水やりをし、苗を切り詰めて支柱を取りつけ、植えつけ作業終了です。

遮根性地中ポットの利用　また、近年は不織布製の遮根性地中ポットと、下部には根を出さないが側面には多少根の出る地中ポットが市販されています。これに植えて土中に埋めておくと根の伸長がかなりコントロールできるので、花つきもよくなります。ただし、この場合、日照りの続くときには水やりが必要になります。

実例・庭への植えつけ

植えつけ予定の「地掘り苗」。根を包んでいる水ゴケを外したら、植えつける前に30分ほど水につけておく。

植え場所が決まったら植え穴を準備する。苗木の根を広げた状態よりも大きめの穴を掘る。

植えつける前に、つぎ木部に巻いてあるつぎ木用テープを外しておく。

折れた根や傷んだ根、伸びすぎた長い根などを切り詰める。

植え穴の底に腐葉土または完熟堆肥をショベルで1~2杯施し、細かく砕いた土とよく混ぜ合わせる。

植え穴の中央部に、四方に根を広げて苗を据える。

実例・庭への植えつけ

7 半分ほど土を入れたら水を注ぎ、苗を前後左右に揺すって、根の間にすき間なく土を送り込む。

8 つぎ木部が地表部よりやや高めになるよう深さを調節しながら、さらに土を埋め戻す。

9 埋め戻しが済んだら、植え穴の周囲に軽く土を盛り、その中に水を注ぎ、土を落ち着かせる。

10 芽の数が多いと、元気な芽が伸び出しにくい。そこで、地上80㎝ほどの位置で、よい芽の上で切り詰めておくことが大切。

11 苗木が動くと根づきが悪くなるので、しっかりした支柱を取りつけて植えつけ作業は完了。

遮根性地中ポット（根域制限ポット）を用いた植えつけ

植えつける場所に、遮根性地中ポットが埋まる大きさの穴を掘り、ポットを据える。

ポットの中に⅓ほど、腐葉土を加えた植え込み用土を入れ、中央部に根の整理が済んだ苗木を据える。

一方の手で苗木を支えながら、周囲から用土を入れて植えつける。この植え方は鉢への植えつけと同じ。

植えつけが済んだら、ポットの周囲に庭土をしっかり埋め戻す。すき間があるとポット内がすぐに乾燥してしまうので注意する。

切り戻しを行い、ポットの外から支柱を添え、苗を結わえて作業完了。鉢植えほどは乾かないが、ポット内が乾くようなときは水やりが必要。

（注）遮根性地中ポット＝不織布などでできていて、水は通すが根が出てきにくい鉢。

鉢への植えつけ

サクラは木が大きくなることと、ケムシなどの害虫がよく発生するので、敬遠されがちな花木です。けれども、鉢で育てたサクラは花つきが非常によく、1.5mぐらいの大きさに鉢で育てていると、病気や害虫の被害が見られることはほとんどありません。早春の蕾のふくらみから開花の状態、葉の展開など、日々いろいろな楽しみが味わえます。高齢の方や、街の公園でのサクラ見物ができない方などにも、鉢植えのサクラを2～3鉢、庭先や廊下に飾って見ていただくなどいかがでしょうか。

そこで本書はこれまでの園芸書ではあまり紹介されてこなかった鉢植えでの育て方についても解説し、サクラをもっと身近に楽しんでいただくことを念頭に置きました。

●どんな鉢を選ぶか

鉢の大きさはマメザクラ、カンヒザクラ、‘十月桜’‘冬桜’などは5～6号鉢、‘河津桜’‘陽光’‘みやび’、エドヒガン系の‘枝垂桜’などは最初は6～8号鉢、オオシマザクラ系のサトザクラ、‘染井吉野’などは7～9号鉢を使いますが、苗の太さにもよります。例えばヤエザクラの‘関山’でも苗が細ければ6号鉢からでもよく、この両者のバランスも大切です。

鉢は土が入るとかなり重くなるので、瀬戸鉢、テラコッタ、駄温鉢などは極力避け、扱いやすいプラスチック鉢か、通気性に富むため根の発達がよいスリット鉢をおすすめします。

●植えつけの時期

これからサクラの鉢植えを始めてみたいという人は、秋のうちでもかまいません。立ち寄った園芸店で好みの品種の苗が売られているのを見つけたら、迷わず購入しておいて、適期を待って鉢に植えつけましょう。

鉢への植えつけは、関東地方を例にとれば、十分休眠期に入った12月か、翌年の2月中旬から3月中旬（東北地方中部以北の寒冷地では3月下旬から4月）が適期です。

つぎ木苗の根の調整は庭植えの場合と同じ要領で行います。台木が2段根となっている場合は必ず下段の根は切り取ります（80ページ参照）。太い根は鉢内で無理に曲げないで、鉢にゆっくり収まるくらいに切り詰めていきます。苗を鉢の真ん中に収めることが基本なので、一方向へばかり根が片寄って出ている片根《かたね》の場合には太い根をかなり強く切り詰めることになりますが、問題ありません。

鉢への植えつけ

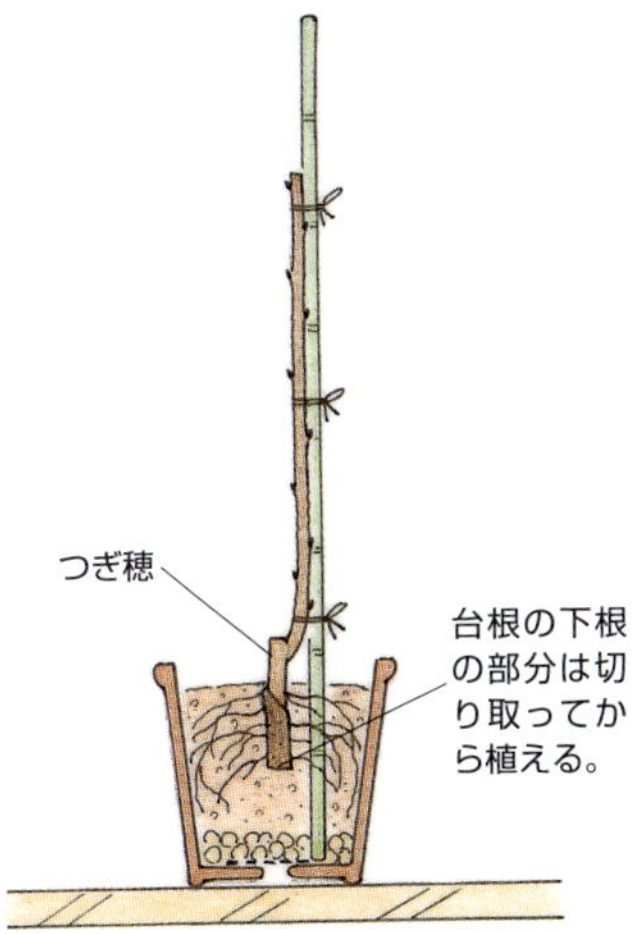
つぎ穂
台根の下根の部分は切り取ってから植える。

●用土

用土は一番無難なものとしては、6号鉢以下の小さい鉢の場合は小粒の赤玉土を使い、7〜8号鉢では小粒か中粒の赤玉土を、それ以上の大きな鉢では中粒か大粒の赤玉土を用います。

ただし、赤玉土単用ではなく、赤玉土6〜7、腐葉土4〜3ぐらいの割合に混ぜ、小粒の赤玉土を用いる場合には水はけを図るために必ずゴロ土として中粒か大粒の赤玉土を鉢底に敷くことを忘れないことです。

庭土を使う場合は、庭土4、小粒の赤玉土かパーライト3、腐葉土3ほどを混ぜ、鉢底にはゴロ土として中粒～大粒の赤玉土を敷いて水はけを図れば十分育てられます。

●植えつけ作業

まず、鉢底にゴロ土を敷いたら苗木を鉢の真ん中に収め、配合した用土を周囲から均等に入れながら竹ばしなどの細い棒で根の間によく突き込み、鉢の上縁を2～4cmあけて（ウォータースペースとして）植えつけ、最後にジョウロでたっぷり水を与えます。

なお、庭植えの場合も、鉢植えの場合も、苗木を植えつけるときは、必ず切り詰めて植える必要があります。切らずにそのまま植えたのでは、頂部の芽が伸び出るのでますます丈が高くなってしまいますし、芽の数が多いため芽を伸ばす力が分散してしまい、伸び出る枝の勢いもよくないからです。植えつける際に切り詰めて芽数を制限することで、勢いのよい元気な新枝が伸び出します。

鉢植えの‘河津桜’。

苗をどの程度切り詰めるかは、仕立てたい大きさによって異なります。高めに仕立てたいときには上⅓ぐらいを切り詰めますが、低く仕立てたいときには½～⅔ぐらい切り詰めておきます。植えつけ前に切っても、植えつけ後に切ってもよいのですが、切る位置の下に3～4芽、充実したよい芽があることも大切です。

実例・鉢への植えつけ［1］用意するもの

水はけと通気性に富むため、根詰まりしにくく根の生育によいスリット鉢に植えることにした。根の大きさから、8 号（直径約 24cm）の大きさが適当。

植えつける苗木の品種はヤエザクラの代表的品種‘関山’。つぎ木1年生の地掘り苗。

［必要な用土］

完熟腐葉土　広葉樹の落ち葉を腐熟させた有機質の土壌改良材。赤玉土に加えることで、鉢内の通気性や保肥性をいっそう高める効果がある。

赤玉土（中粒）　7 号以下の鉢では小粒を使用するが、8 号以上の場合は中粒～大粒を使う。中粒～大粒 7、腐葉土 3 の配合土をつくって植えつける。

ゴロ土　赤玉土の大粒。鉢底に敷くことで、水はけをよくする効果がある。

実例・鉢への植えつけ［2］作業手順

マザクラを台木とした苗木は、このように上と下に2段に根が出ていることが多い。

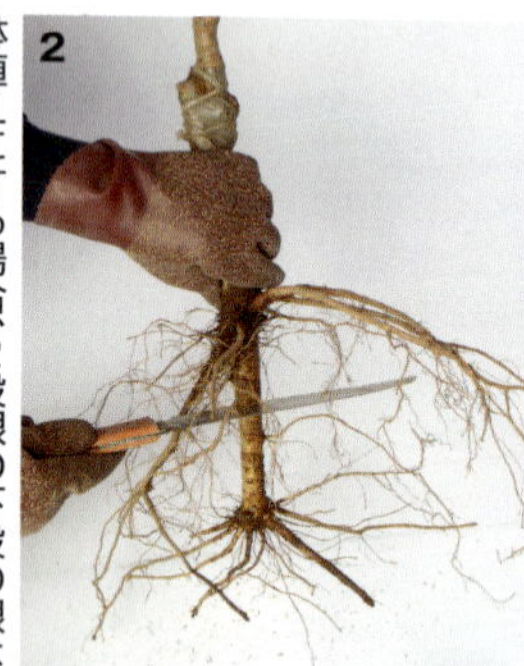

鉢植えにする場合、2段根の下段の根は、必ず切り取ってから植えつける。

下段の根を切り離した。切り取った下段の根は別の鉢に植えて育てると、つぎ木の台木として使うことができる。

傷んだ根や長く伸びすぎた根は切り詰める。

植えつける前に、つぎ木テープを外しておく。

用意したスリット鉢の底にゴロ土を敷く。8号鉢の場合は5㎝ほどの厚さに敷くのが適当。

JBP-S. Maruyama

7

根を四方に広げて、鉢の中央に据える。

8

つぎ口の部分が鉢の縁より5㎝ほど下になるよう深さを調節しながら、用土（赤玉土中粒7、腐葉土3）を入れる。

9

植え込み棒（竹ばしでもよい）を使い、根の間に用土をすき間なく突き入れる。

10

将来150㎝ほどの高さに仕立てたいので、それより低く120㎝ほどの高さに切り詰めておく。

11

植えつけ作業完了。このあと支柱を立ててたっぷり水を与え、日光のよく当たる場所で管理する。根を切り詰めたので、肥料を施し始めるのは芽が動き始めたころでよい。

 JBP-S. Maruyama

サクラの整枝・剪定

サクラは古来、枝を四方に伸ばした自然な姿が最も美しい樹形とされてきました。けれども現代の特に都市部や近郊の住宅事情では、なかなかそうした自然樹形をわが家の庭で楽しむわけにはいきません。

昔の住宅地のように狭くても150坪（約495㎡）から200坪（約666㎡）の敷地があれば、サクラも1本ぐらいなら自然樹形で楽しむことも可能でしたが、100～150㎡ほどの土地では伸びるにまかせて育てるわけにはいきません。

そこで「わが家の庭ではサクラを植えるのは困難」と、初めからあきらめてしまう人も多いようです。

●剪定で小さく仕立てることも可能

しかし、昔から庭木として使われてきた木はマツやイヌマキ、モチノキ、モッコク、それにウメ、カエデ類やツツジ類など、そのほとんどが自然樹形ではなく、樹形づくりに手を加えることで、与えられたスペースで何十年、時には何百年と生育してきたわけです。サクラも、その要領で適切な手を加え、狭い庭なら小さく仕立てていけばよいのです。

●「サクラ切る馬鹿」は昔の話

ところが、そうしたサクラの樹形づくりを妨げてきた原因の一つが、昔からサクラは剪定を行うのは厳禁とされてきたことです。「サクラ

太枝を切ったときの処理

芽が動きだす前であれば、このような太い枝でも切ることができる。

ノコギリで切った切り口は、鋭利なナイフでなめらかに削り直す。

このあと、切り口には必ず殺菌剤入りの癒合剤（なければ木工用接着剤）を塗り、雨水の浸入を防ぐ。

切る馬鹿、ウメ切らぬ馬鹿」という有名なことわざが知られています。このことが半ば常識とされ、広く信じられてきたことが、一般の人たちに剪定による樹形づくりをあきらめさせてしまったものと思われます。

このことわざが必要以上に広く流布したことにより、これほど花の美しい花木でありながら敬遠され、ほとんど家庭園芸の分野で取り上げられてこなかったのは残念なことです。

たしかにサクラは大きな切り口ができると傷口が治るまでに時間がかかり、そこから雨水などによって腐《ふ》朽《きゅう》菌が侵入しやすいことは事実です。しかし、傷の治りが遅ければ人が手伝ってやることで、十分、枝枯れを防いで育てることができるのです。昔とは異なり、今では傷口を腐朽菌から守る効果的な保護剤もありますから、太枝を切っても何の心配もありません。

庭植えのサクラの整枝

すでに庭にサクラが植えてある場合、「現在よりももっと樹冠を小さくしたい」と願っている方も多いでしょう。そんなときも、恐れることはありません。適期を選んで、太い枝でも思いきって切り詰めてください。

この場合、必ず目的とする大きさや高さよりも小さく切り詰めておくことが大切です。

木は年々少しずつながら大きくなっていきます。初めから目的とする大きさや高さに切り詰めてしまうと、それから数年たち、「あのとき、あと50㎝短く切っておけばよかった」ということになり、二度切りをしなければならなくなります。

初めから小さめに切り詰めておけば、その後、必要に応じて大きくしていくことは容易だからです。

剪定の適期　初めて強く切り詰める場合、適期は芽出し前です。東京付近を標準と考えた場合、12月下旬から2月いっぱいぐらいを目安としてください。

切り口の保護　剪定用ノコギリを用いて太枝を切り詰めたときは、もう一度切り口を鋭利な刃物でなめらかに削り直し、必ずトップジンMペーストなど、切り口の保護剤を塗っておきましょう。太い切り口には、重ねて2～3回ぐらい塗っておきます。

次の年からはもう太い部分を切ることは少なく、1年生の細い枝を刈り込むだけですので、保護剤を塗る必要はほとんどありません。

これから苗を植えて仕立てていく場合は、目的の場所に植え、最初から仕立てたい樹形に沿って仕立てていきます。

ヤエザクラの整枝

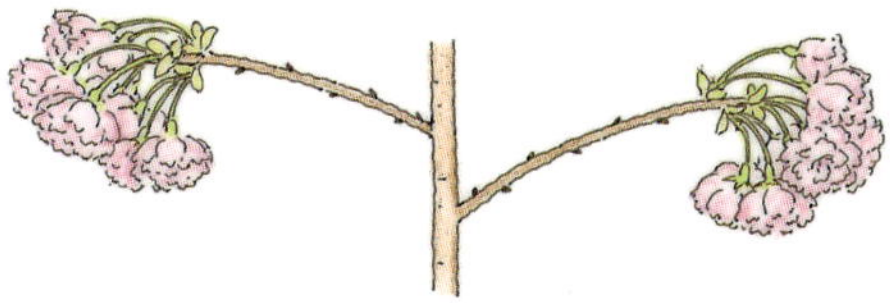

開花時

開花後、剪定をしなかった
場合の枝の伸び方。

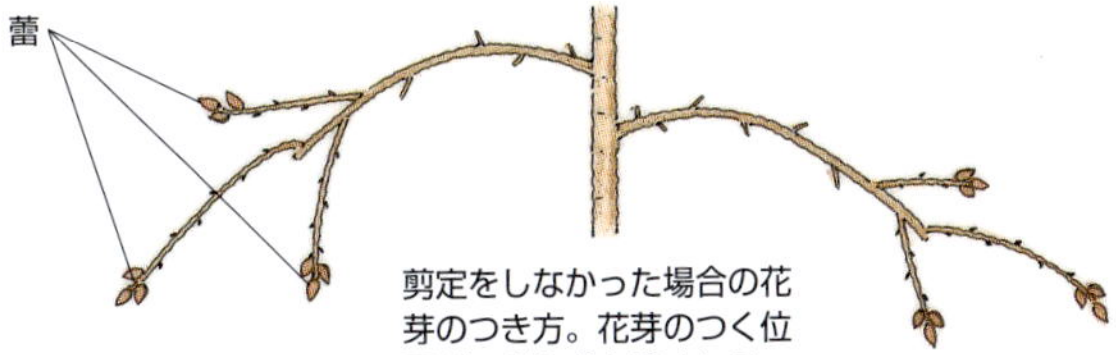

剪定をしなかった場合の花
芽のつき方。花芽のつく位
置が、どんどん遠くなる。

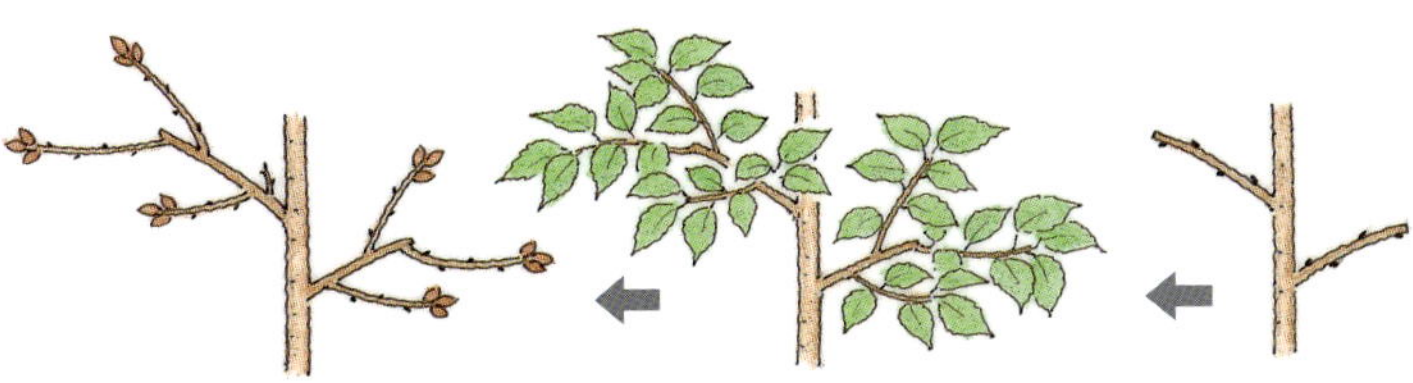

剪定した場合の花芽のつき
方。毎年、コンパクトな姿を
維持しながら花が楽しめる。

開花後、剪定
をした場合。

実例・庭植えのサクラの整枝

1 まず、目立つのは下枝が多すぎること。まず、最も下から出ている右側の下枝を切り取る。

2 木の大きさから、左側のこの下枝も不要と思えるので、切り取ることにした。

苗木を植えつけて５年を経過したサクラ‘陽光’。樹高は約4m。花も咲き出すようになったが、植えつけてから一度も剪定をしていなかったため、枝がかなり茂っている。そこで１月下旬に剪定を行った。

下枝を落としてみると、1 の枝から出ている側枝が横に広がりすぎているので、基部から切り取る。

隣の枝と絡み合う枝（絡み枝）は、樹冠内部への採光を妨げ、風通しも悪くなるので枝の分岐部分から切り取る。

④の絡み枝を切り落とした状態。

たくさんの短い胴吹き枝が出ているが、枯れ枝や花芽のない枝は切り捨てる。

樹冠上部の混み合った箇所を整理する。できるだけ直立した枝を間引くとよい。

太枝を間引いたら、さらに混み合っている箇所の細い枝を間引いていく。

枝抜き作業がほぼ終了した。8の写真と比較すると、枝の間隔がすっきりとして、間引き剪定の効果がよくわかる。

剪定作業が済んだところ。剪定前の姿（86ページ）を参照。

剪定と同時に寒肥を施す。油かすと化成肥料（N-P-K ＝ 8-8-8）を等量配合した肥料を使用する。

木の周囲に浅く施肥溝を掘り、上記の肥料を施す。

肥料を施し終わったら、軽く土をかぶせておく。

最後に、太枝（指より太い枝）を切った切り口に癒合剤を塗っておく。

4月初旬に開花。短枝に花が咲いていることがわかる。花つきをよくするには、こうした短枝を多くつけさせることが大切（93ページ参照）。

実例・シダレザクラの整枝

樹高3mほどの成木を植えつけて３年たったシダレザクラ。植えつけた年の生育が悪かったため、枯れ枝も多い。

1 日当たりが悪い場所に出ている下枝。将来不要なので切り取ることにした。

2 枝元から切り取る。切り口はきれいに削り直し、癒合剤を塗っておけばよい。

3 ほかの枝と交差する枝は、樹冠内部の採光、通風を悪くするので切り取る。

4 枯れ枝は、生きている枝との分岐点で切り落とす。

5

小枝の整理。下向きに発生している枝は切り取り、残した枝も上芽の先で切り詰め、滝が何段にも流れるような形に伸ばしたい。

6

剪定後の姿。残した枝からまた上向きに新枝が発生する。

7

枯れ枝を整理した頂部。全体のバランスから、もう少し芯を立てたいところ。

8

支柱を添えて、新たに芯として立てたい枝を誘引した。

9

整枝作業完了。シダレザクラの基本樹形ができ上がった。

鉢植えのシダレザクラの整枝

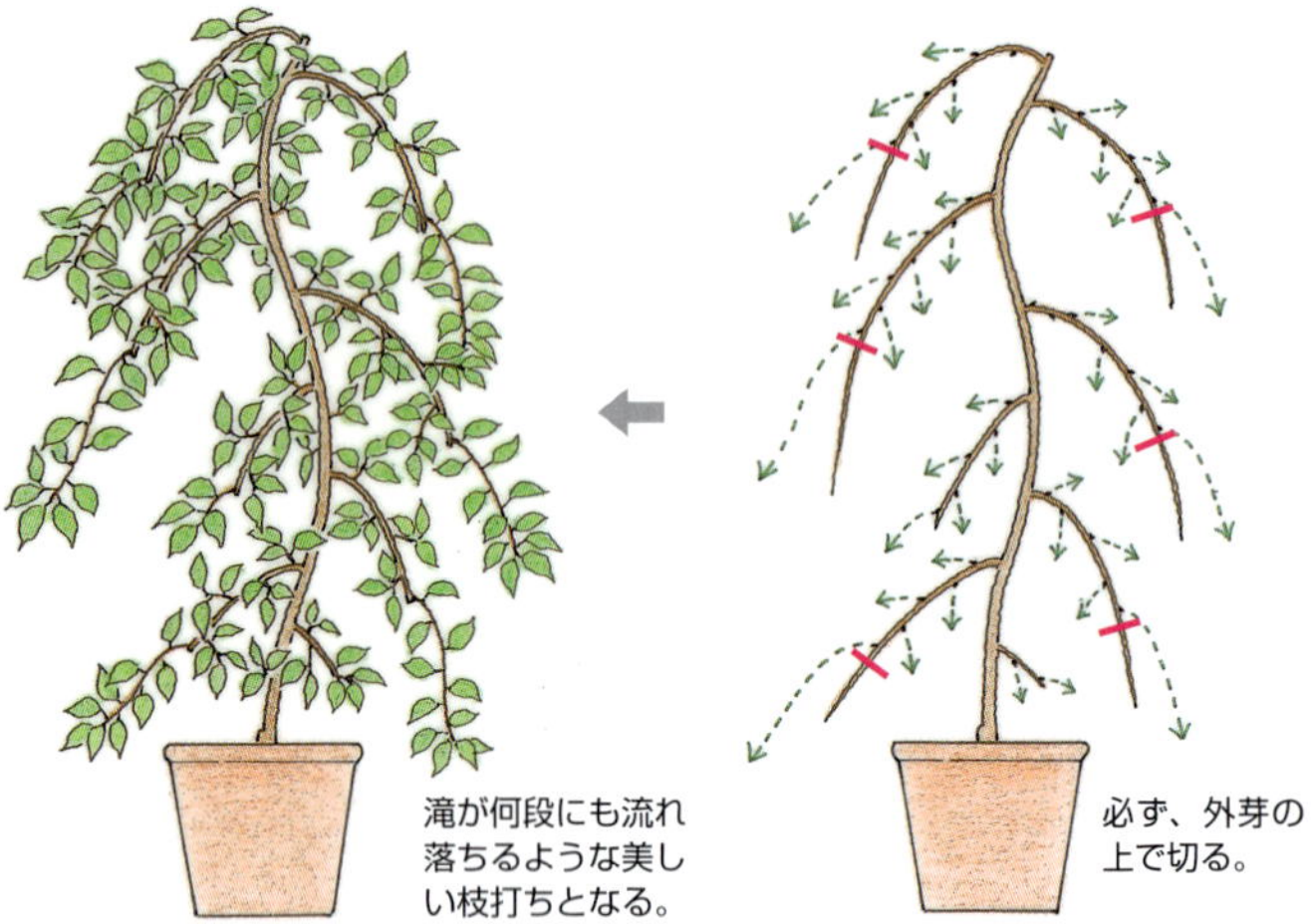
滝が何段にも流れ落ちるような美しい枝打ちとなる。
必ず、外芽の上で切る。

鉢仕立てのサクラの整枝

サクラを鉢植えで仕立てる場合は、基本的には10号以下の鉢に植え、樹高1.5m前後に仕立てるのが一般的でしょう。この場合、最初から太い枝を切るようなことはなく、だいたいは細い前年生枝を剪定するわけですから、保護剤を塗る必要はありません。

剪定の適期は、庭木と同じく12月下旬から2月を適期としますが、花の終わった直後でもさしつかえありません。特にヤエザクラやシダレザクラは、枝の先端部にしか花芽がつきにくいため、花の咲いた枝をほうっておいて枝先から出る新梢を伸ばしてしまうと、短く切り詰めることができなくなります。毎年コンパクトな姿で花を楽しむためにも、この時期（花の終わった直後）に行うことが大切です。

‘染井吉野’ そのほか、一重咲きのサクラの花芽のつき方

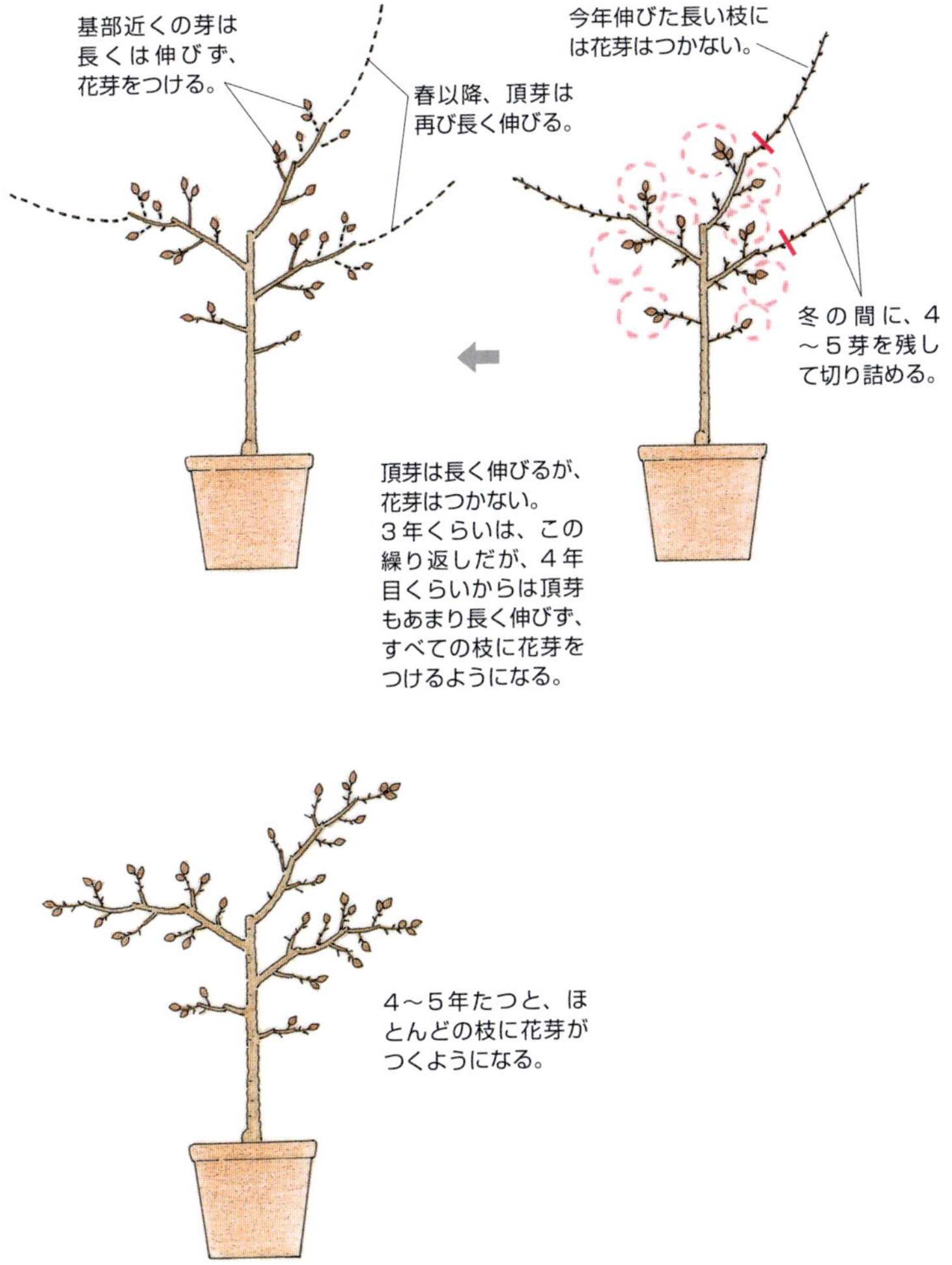
今年伸びた長い枝には花芽はつかない。

冬の間に、4～5芽を残して切り詰める。

基部近くの芽は長くは伸びず、花芽をつける。

春以降、頂芽は再び長く伸びる。

頂芽は長く伸びるが、花芽はつかない。

3年くらいは、この繰り返しだが、4年目くらいからは頂芽もあまり長く伸びず、すべての枝に花芽をつけるようになる。

4～5年たつと、ほとんどの枝に花芽がつくようになる。

実例・鉢植えのサクラ‘陽光’の整枝

8号のスリット鉢に植えて5年目を迎えたサクラ‘陽光’。樹高約150cm。芽が動きだす前の1月に、コンパクトな樹形を維持するための剪定を行うことにした。

1

節間が間のびしている不要な長い枝は枝元から間引く。

2

小枝を切り詰めるときは、必ず外芽の上で切ること。

3

花芽と葉芽をよく観察し、花芽はできるだけ残して切り詰める。

春を迎えて花が咲き始めた。

4

徒長した下枝も外芽の上で切り詰め、ここから出る枝を開花枝に育てたい。

5

整枝作業を終えた状態。
春の開花を待つばかり。

鉢植えの管理

●置き場

　基本的に日当たりのよい場所に置くことはもちろんですが、風通しのよいことも大切です。そのため30～40㎝の高さの栽培棚の上に置くことを理想とします。

地面の上に直接置くのは避ける　ただし、樹高の低い盆栽と違い、丈の高い鉢植えでは強風による倒伏などが心配ですから、棚の上よりも地面に置いたほうがよいことになります。とはいえ、地面の上に直接置くと鉢底の穴から根が直接地中に伸びてしまいます。これをほうっておくと、根が太くなるとともに枝も太く長く伸び、花つきも悪くなってしまいます。

　そこで、根が伸び出しても地中に入り込まないよう、やや厚めで幅広の木の板か、幅が40㎝以上のコンクリート板、または厚さ3～5㎜のゴムシートを敷いてその上に置きます。その後は、3か月おきぐらいに鉢を90度ほど回し、鉢底から根が出ているのを見つけたら、細い根でもすぐに切り取っておきます。

　鉢の下に敷くのは、発泡スチロールや人工芝だと容易に根が貫通してしまうので、それだけではあまり効果がありません。逆にコンクリート板やコンクリートブロックなどの上に直接置くと、日ざしの強い夏には輻射熱によって葉焼けしてしまうので、これらの上に人工芝を敷いておくのが理想的です。
このようにして根を地中に伸ばさないことが鉢仕立ての一番のポイントといえます。

支柱を取りつけておく　また、枝葉が伸びてくるとわずかな風でも簡単に倒れてしまうので、支柱を1本斜めに取りつけておけば十分です。

季節に応じて移動させる　近年の夏の猛暑時は鉢植えのサクラにとっては過酷な季節です。このようなときには梅雨明けから9月いっぱいの間、建物の東側か午後の日ざしを避けられるようなところに置くとよいでしょう。

10号以上の鉢で1.8～2mの高さに仕立てたい場合には、ときどきでも移動させるのは大変な作業です。そこで、鉢が十分にのる大きさの木の板に丈夫なキャスターを3～4個取りつけて、一年中この台の上に鉢をのせておきます。こうすれば、必要に応じて楽に移動できます。

JBP-S. Maruyama

鉢仕立ては水やりの手間が必要だが、開花時に好きな場所に飾ることができる。また夏場に西日の当たらない場所へ移すことができ、管理しやすい。

●水やり

鉢が大きすぎると、水やりの回数は少なくてすみますが、枝はよく伸びる反面、花つきは遅くなります。また、長雨が続くときには鉢内が過湿となるため根を傷めてしまいます。しかし、小さめの鉢ではすぐに乾いてしまい、水やりの手間も大変です。

鉢の形は浅い「平鉢」と縦と横の大きさがほぼ同じ「普通鉢」と「深鉢」とがあります。一般的な「普通鉢」について説明しましょう。

「水やりは土の表面が乾いたら行う」とよくいわれますが、花の終わったあとから葉のついている間は「葉がしおれ始めたらたっぷりと」と考えてください。3年ほど植え替えをしていないものは真夏だと1日に2回ぐらい水やりが必要になりますが、鉢が大きいと土の表面が乾いてきても葉はしおれません。

また、培養土の違いやプラスチック鉢、テラコッタ鉢など、鉢の材質によっても乾き具合が異なるので、葉の状態をよく見ながら水を与えるとよいでしょう。

葉の落ちたあとは、あまり蒸散は行われないので、多く与える必要はありません。だいたい鉢の土の表面が乾いてから10〜15日後でも枯れてしまうようなことはありません。

なお、蕾がふくらみ始めたころから新葉が展開する期間は、水を切らさないようやや多めに与えます。

●肥料

肥料は根づいてから施す　草花のように事前に用土に肥料を混ぜておいてから植えつける、といった必要はありません。植えつけ時は排水性と保水性を考えた無肥料の用土でよく、肥料は根づいてから施していく、というのが基本です。

肥料には葉や枝を育てるのに必要な「葉肥」と呼ばれる「チッ素肥料＝N」、美しい花やおいしい果実を育てるのに必要とされ「花肥・実肥」と呼ばれる「リン酸肥料＝P」、丈夫な根を育て、寒さや暑さに負けない植物体と強い根をつくる「根肥」と呼ばれる「カリ肥料＝K」が必要量与えられれば植物はよく育つわけです。

サクラの根の活動は2月に入るとそろそろ始まります。3月から5月にかけて最も盛んになり、梅雨明けから8月中はやや疲れ気味と見てよいでしょう。鉢植えの場合は6月下旬から7月上旬には花芽分化が行われるので、このころには肥料分が切れるように考慮して施します。

JBP-S. Maruyama

寒肥には、固形の発酵油かすを８号鉢につき１５個ほど施すのが目安。

このような生育状況から1年間に施す肥料の量を100と考えた場合、1月下旬から2月中旬に65％を寒肥として施し、3月下旬から4月下旬（品種によって異なる）に花後のお礼肥として10％を施します。初秋を迎えて根の活動が再び盛んになる8月下旬から9月上旬に追肥として25％を目安として施します。さらに、これとは別に6月から8月中旬に2000倍ぐらいに薄めた液体肥料を、月2回程度、水やり代わりにかけてやるとよいでしょう。

施す肥料の種類ですが、寒肥には油かすに骨粉を20～30％混ぜて発酵させ固形にしたものと、N－P－K＝8－8－8の粒状化成肥料を等量混ぜて施しますが、お礼肥には粒状化成肥料のみで十分です。

植え替え

鉢植えの場合、植え替えなしで育てられるのは4～5年が限度と見てよく、3年もたつとほとんど長い枝が伸びない状態になり、花をびっしり咲かせます。

しかし4～5年間、植え替えをしない木は根が鉢内にびっしり回っているため、植え替え時に根鉢をかなりくずさなくてはなりません。このことが開花にかなり影響を与えてしまうので、根鉢の表面を軽くくずす程度ですむように6～7号鉢では隔年に、それ以上の鉢でも中2年で3年目の春には植え替えをしたいものです。

適期　植え替えは1月下旬から2月上旬、および12月が適期と考えてください。早咲きの品種は早春に植え替えると1か月後の開花となります。これではどうしても根の活動が十分でないために花が小ぶりになってしまうので、12月の植え替えがよいでしょう。

植え替え作業

1 ‘河津桜’の鉢植え。つぎ木1年生苗を7号鉢に植えて4年ほどたったので、8号鉢に植え替えることにした。

2 鉢から抜いてみると、びっしりと根が回りきっている。

3 底部と周囲の根をほぐし、古土を⅓ほど落として水の通りをよくする。

4

8号（直径約24㎝）スリット鉢の底にゴロ土を厚さ5㎝ほど敷いておく。

5

深さを調節しながら、鉢の中央部に苗を据える。

6

周囲から、赤玉土（小粒）7、腐葉土3の配合土を入れる。

7

植え込み棒を使って、根の間にすき間なく用土を突き入れる。

8

植え替え作業完了。このあと、支柱を添えてたっぷり水を与える。

9

3月上旬に満開となった。

 JBP-S. Maruyama

苗木のふやし方

だれにでも愛される花木でありながら、サクラが家庭に普及してこなかった原因の一つに、苗づくりが簡単でなかったこともあげられるでしょう。

ツバキやサツキなどのようにさし木で簡単にふやせる花木と異なり、サクラの場合、一般的なふやし方がつぎ木だからです。しかし、マメザクラやその系統の〝十月桜〟はさし木でも容易に苗をふやすことができます。

さし木

さし木には、前年生枝を休眠中の3月上旬から中旬にさす「春ざし」と、新梢を6月中旬にさす「緑枝《りょくし》ざし」と呼ぶ方法とがあります。

●春ざし

2月上旬（節分ごろ）に前年生のよく伸びた枝をさし穂用として切り取り、束ねて土中に埋めるか、ビニールかポリ袋に入れて冷蔵庫の野菜庫に貯蔵しておきます。3月上旬から中旬に、これを5～6㎝の長さに切り分け、基部をクサビ状に削って、水揚げをしたあと、小粒の赤玉土を使い駄温の平鉢か、すり鉢形の土鉢にさします。数多くさす場合は、さし木用のトレイを使ってさすとよいでしょう。

作業のあらましは103～104ページを参照してください。

実例・‘十月桜’のさし木（春ざし）

1

2月初旬に採取し、土に埋めておいた‘ジュウガツザクラ’の穂木。

2

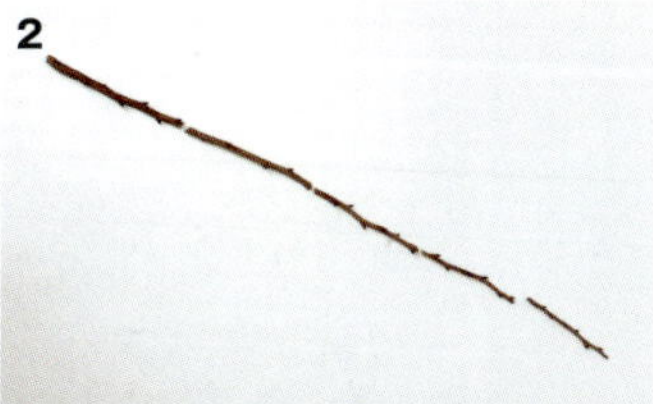

穂木を7～10cmずつの長さに切り分け、さし穂とする。

3

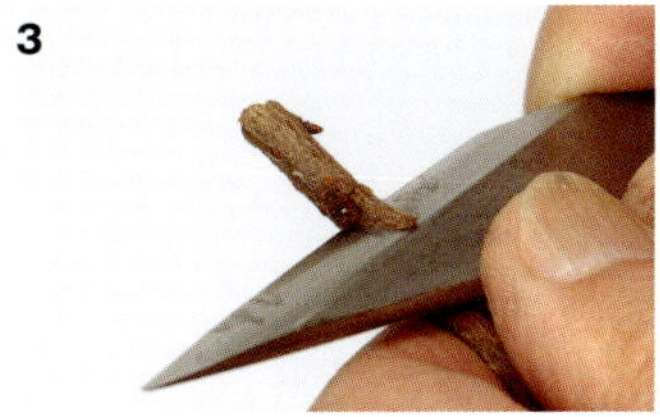

さし穂の基部を斜めに削ぐ。

4

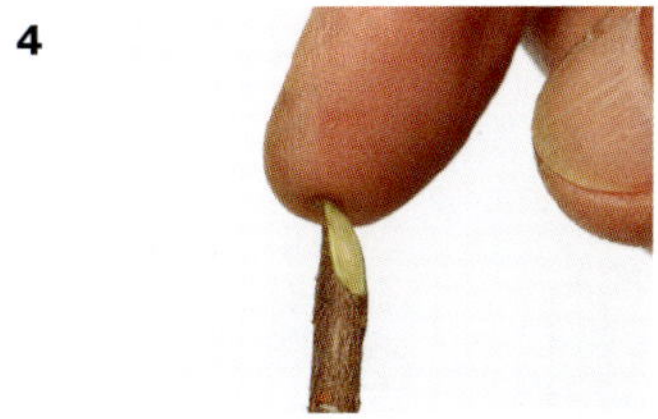

そのまま土にさすと、先端の樹皮がささくれてしまうのでよくない。

そこで、基部のもう片側を鈍角に切り返しておく。

すべてのさし穂の基部を、同様に調整する。

7

さし穂の調整が済んだら、5～10分の間、基部を水につけておく。

さし床の用意。すり鉢形の土鉢（または駄温鉢）に赤玉土の小粒を入れる。

実例・マメザクラのさし木（春ざし）

9

さし穂を傷めないよう、誘引棒で鉢の縁に沿って、さすための穴をあける。

10

用意した穴に、さし穂の基部 1/2 ～ 2/3 が埋まるようにさす。

11

鉢の縁のほうがよく発根するが、さし穂の数が多ければ内部にもさしていく。

12

さし終わったら十分水を与え、その後は半日ほど日の当たる場所で管理する。

●緑枝ざし

6月中旬にさす「緑枝ざし」は、今年伸びた枝を5～6㎝に切り、基部をクサビ状に削って30分から1時間水揚げを行ったあと、春ざし同様、平鉢か、さし木用トレイに小粒の赤玉土を使ってさします。

いずれの場合も、さし穂の基部に発根促進剤をつけてさすと、より活着率は高まります。

さし木後は、春ざしは2か月ほど半日陰で管理したあと、徐々に日光に当てていきますが、梅雨明けから9月中旬にかけては、再び半日陰に置いて管理します。

緑枝ざしは、さし木後9月中旬までは50％遮光の遮光ネットの下で管理し、その後、少しずつ日光に当てていきます。

これらの苗は、翌年3月上旬に1本ずつ2号の小鉢に上げて育てていきます。

●つぎ木用の台木をつくるためのさし木

一般に、つぎ木をするための台木は市販されていません。そこで家庭でつぎ木をしたい場合は、あらかじめ自分で苗木を育てておく必要があります。

オオシマザクラ系の園芸品種をふやすのに必要な「つぎ木用台木」となるマザクラのさし木は2月に行います。

長く伸びた前年生枝を15～20㎝に切り、基部をクサビ状に削って庭の隅か8～9号の駄温鉢にさしておくと、秋までには庭にさしたものは1mぐらいに、鉢にさしたものでも50～60㎝の苗ができるので、立派な台木として利用できます（下のイラストを参照）。

なお、〝染井吉野〟の木の根元周囲にひこばえが出ているのを見かけることがありますが、これがマザクラ台芽です。

早春にこのひこばえを切り取って、102ページで解説したマメザクラの春ざしの要領でさし木をすれば、台木用のマザクラ苗ができます。

マザクラを使った台木用のさし木苗

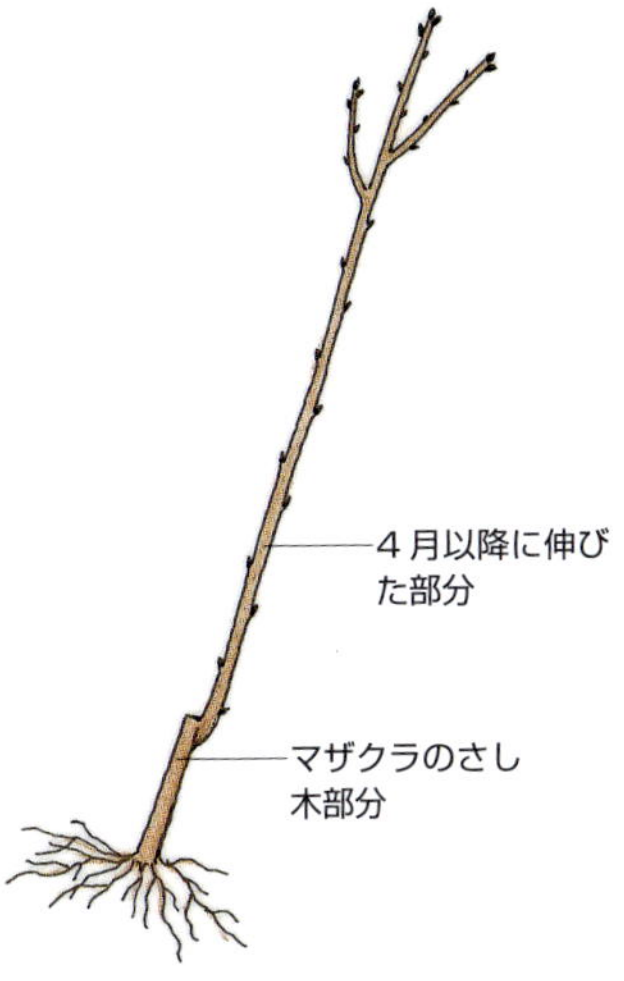

タネまき（実生法）

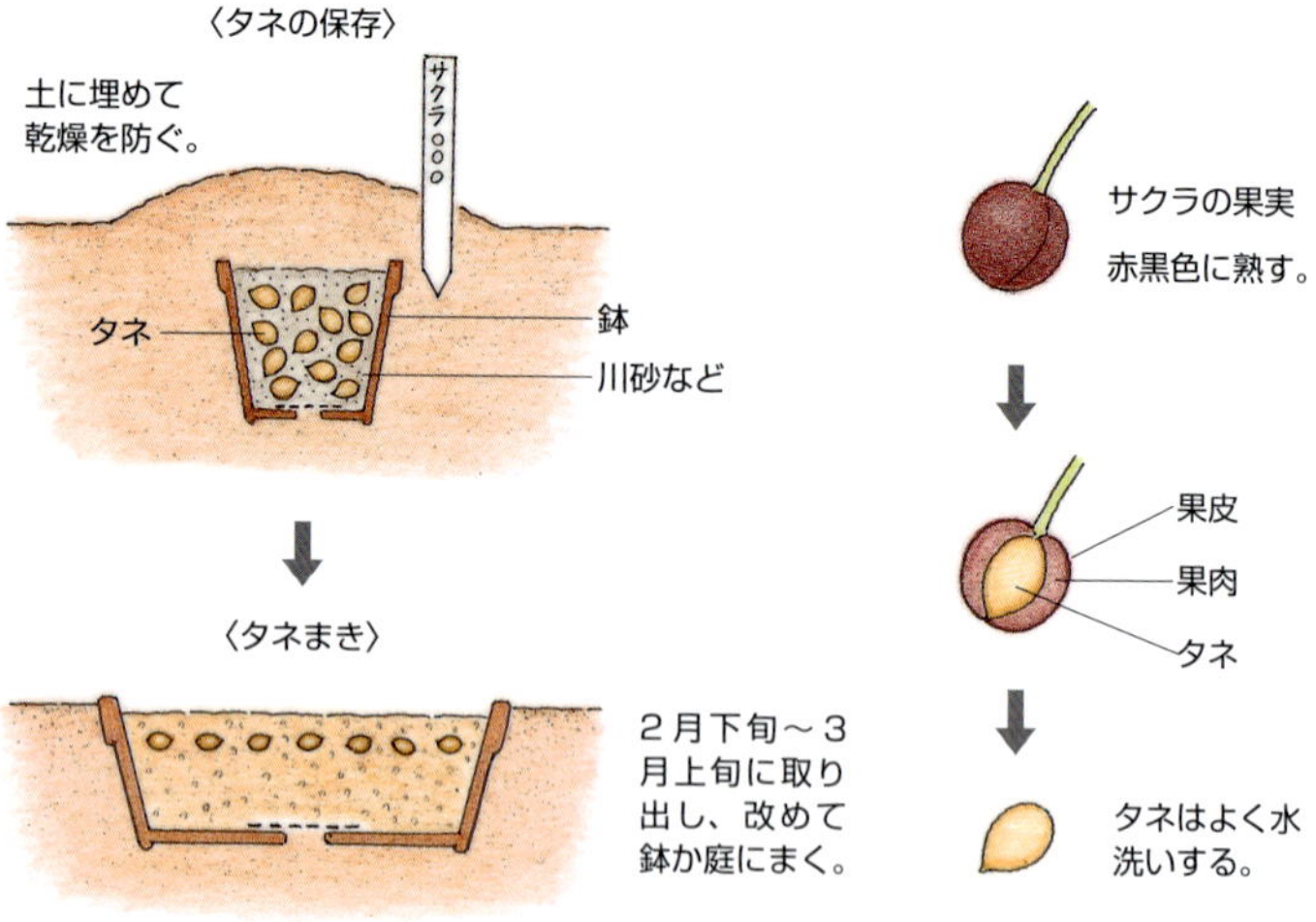
〈タネの保存〉
土に埋めて
乾燥を防ぐ。
サクラ○○○
タネ
鉢
川砂など
〈タネまき〉
2月下旬～3
月上旬に取り
出し、改めて
鉢か庭にまく。
サクラの果実
赤黒色に熟す。
果皮
果肉
タネ
タネはよく水
洗いする。

実生（タネまきによる育苗法）

実生《みしょう》（タネまき）による苗づくりは、主として、つぎ木を行う場合の台木を養成する目的で行います。

エドヒガン系のシダレザクラやヤマザクラ系の園芸品種をつぐにはエドヒガンの実生苗やヤマザクラやオオシマザクラの実生苗が適します。もちろん、さし木の項で述べたマザクラの苗を台木に用いてもさしつかえありませんが、マザクラの苗は市場で売られているものではなく、一般には入手が困難です。そこで、趣味的につぎ木をしてみたい、という場合はタネをまいて台木を育てる必要があります。

タネのまき方　サクラの果実は6月に熟すので赤黒色に熟した果実を採取します。果皮、果肉を除いたタネをよく水洗いして川砂と混ぜ、鉢

切りつぎ

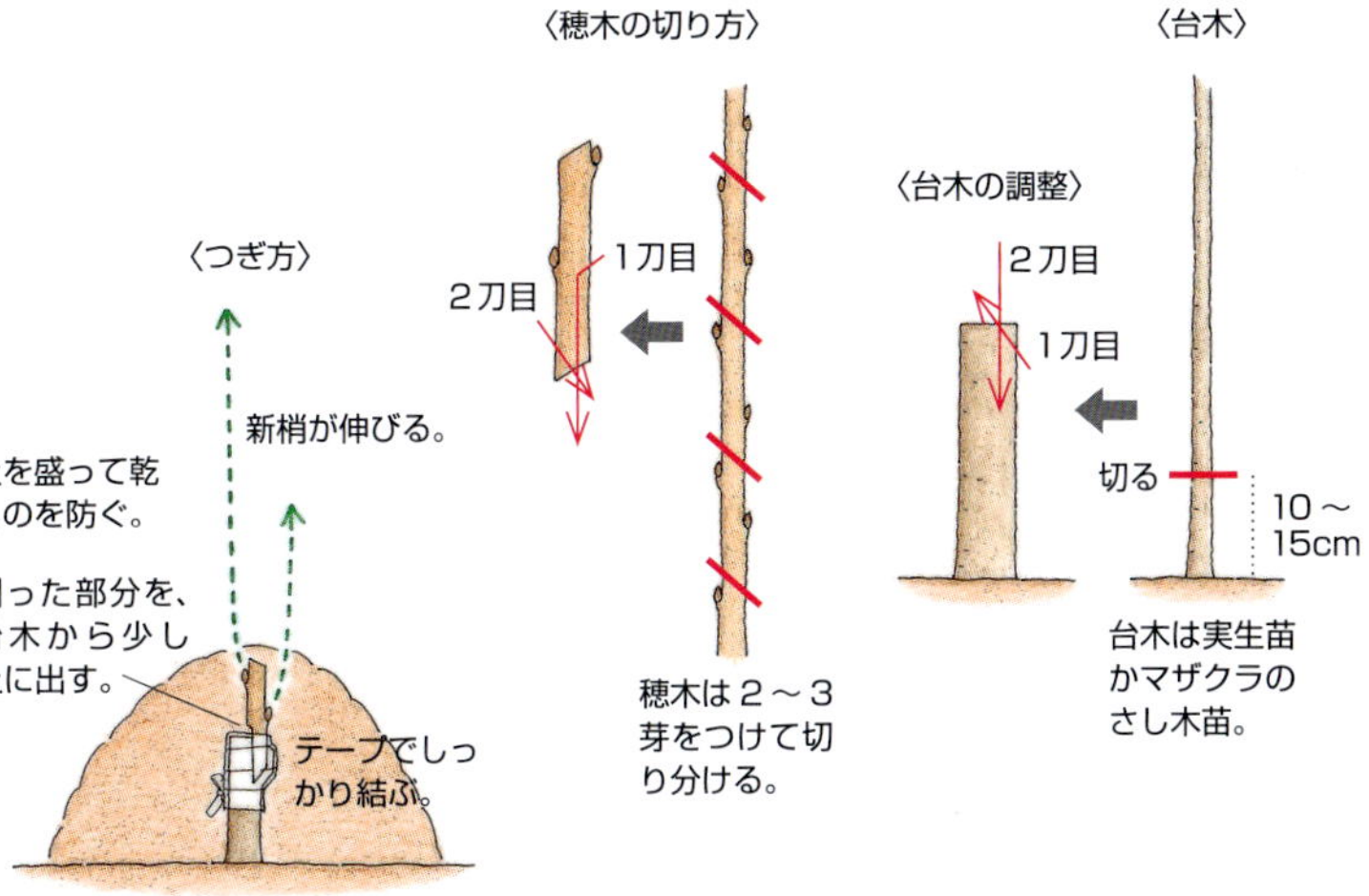
〈台木〉
台木は実生苗かマザクラのさし木苗。
切る
10～15cm
〈台木の調整〉
2刀目
1刀目
〈穂木の切り方〉
1刀目
2刀目
穂木は2～3芽をつけて切り分ける。
〈つぎ方〉
新梢が伸びる。
土を盛って乾くのを防ぐ。
削った部分を、台木から少し上に出す。
テープでしっかり結ぶ。

に入れて土中に埋めて乾かさないように貯蔵しておきます。翌年の2月下旬に取り出して再び大きな鉢か庭の隅にまくと、庭にまいたものは秋までには1mぐらいに伸び、翌年春には台木として利用することができます。

つぎ木

つぎ木法は多くの品種の苗木づくりに不可欠な方法ですが、台木を用意しなくてはならないことと高度の技術を要する点が特徴なので、家庭園芸ではあまり行われていませんが、台木を手に入れて試してみるのも楽しみの一つです。

つぎ木苗を庭や鉢に植えつける項（70～81ページ）で説明したように、台木が2段根の場合、上部の根の下で切り取って植えることをすすめていましたが、その切り取った下の部分がマザクラなので、これをすぐに台木として使う

芽つぎ

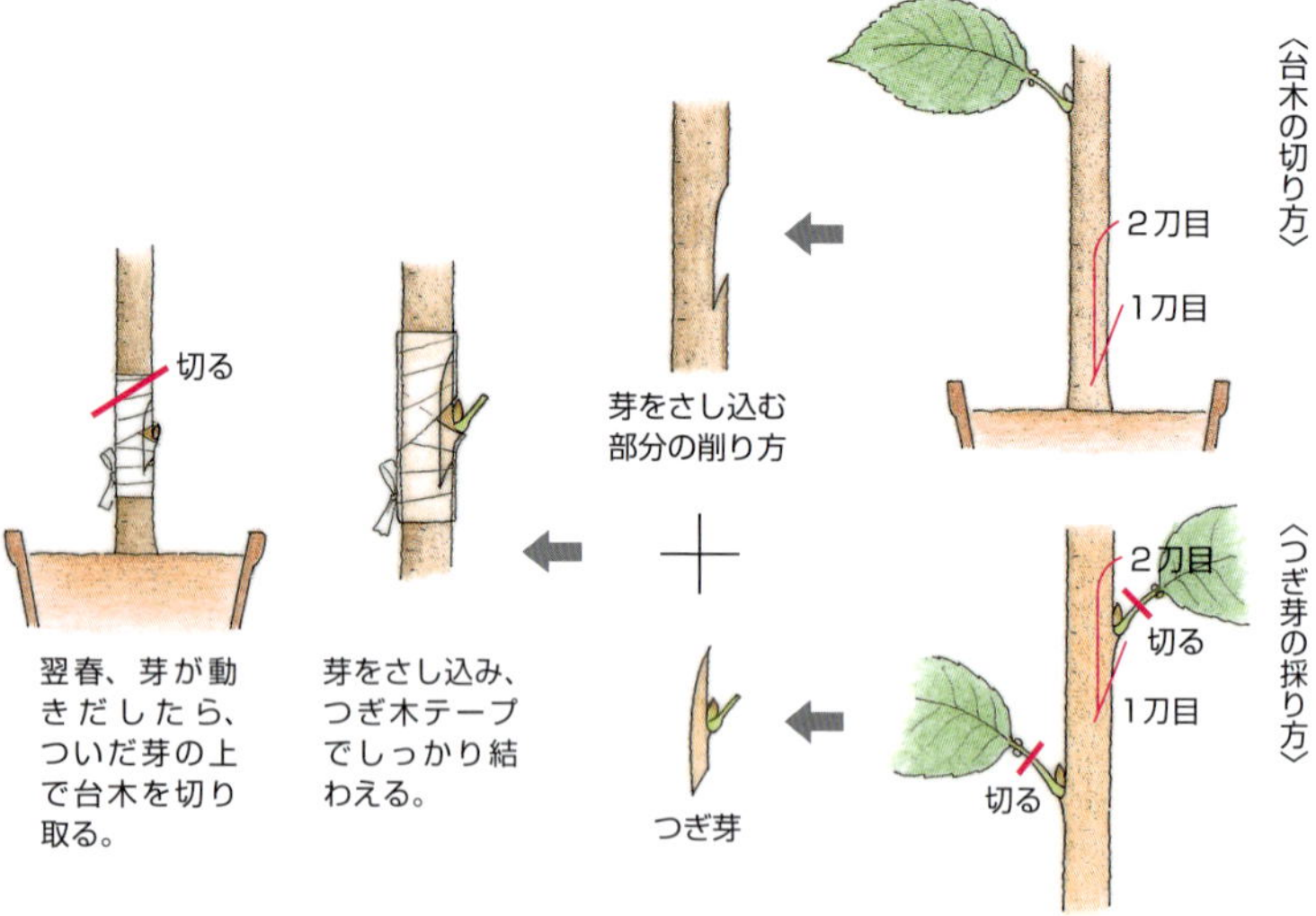

〈台木の切り方〉
2刀目
1刀目
芽をさし込む部分の削り方
〈つぎ芽の採り方〉
2刀目
切る
1刀目
切る
つぎ芽
芽をさし込み、つぎ木テープでしっかり結わえる。
切る
翌春、芽が動きだしたら、ついだ芽の上で台木を切り取る。

ことも可能です。あるいは、これを再度6号鉢に植えておくと立派な苗となるので、1年後には台木苗として利用できます。

●切りつぎ法

最も一般的な方法であり、台木を根元のすぐ上で切り、ここに目的の品種の枝の一部をつぐ方法です。

適期は3月中旬ですが、3月中なら大丈夫です。台木を庭や鉢に植えたままの状態でつぎ木をする方法を「居つぎ法」と呼び、台木を掘り上げてつぎ木作業を行ったあと、庭や畑に植えつける方法を「揚げつぎ法」と呼びます。苗を掘り上げ、根を切ってしまう揚げつぎよりも根を切らない居つぎのほうが結果は良好です。

つぎ方　穂木は充実した前年生枝を2月上旬に採取し、乾かさないように土中に埋めて貯蔵しておき3月につぎ木を行います。この場合、穂

木には2〜3個の芽がついているので、活着した場合、2〜3本の枝が伸び出します。矮性種〝旭山〟のように枝を低いところから出させたいものにはこの「切りつぎ」が適します。

5月から6月には穂木の芽が伸び出すので、この芽は大事に育てていきます。

●芽つぎ法

1芽をつぐので、少量の穂木から多くの苗木がつくれます。また8月から9月上旬と夏に行うため、つぎ木後の対応が容易なことから、初めての方にはおすすめしたい方法です。

つぎ方　台木は庭か鉢で育てておきます。つぎ芽（穂木）は今年春から伸びた充実した枝の中間からつけ根寄りの充実している芽を使います。

芽は葉身を切り取り、葉柄を5〜7㎜芽に残して削り取ったら、芽を乾かさないように口に軽くくわえておきます。台木のつぎたい部分に切り込みを入れたら、すばやく芽をさし込み、結束用テープでしっかり結束しておきます。

活着すると翌年3月下旬にはつぎ木テープの中で芽が緑色になってくるので、つぎ芽の上で台木を切り取ります。

つぎ木テープで芽を巻き込んでいる場合には、芽を傷めないようにテープの一部をカッターナイフなどで切っておきます。

実例・切りつぎ［1］穂木の調整

1

用意したサクラ‘大撫子’のつぎ穂用の枝。つぎ穂の採取は２月上旬が適期。

2

節間の詰まった箇所を、２芽が残るように切り取る。

3

切り取ったつぎ穂。

4

よく切れる刃物を使い、基部の片側を一刀で斜めにそぎ上げる。

5

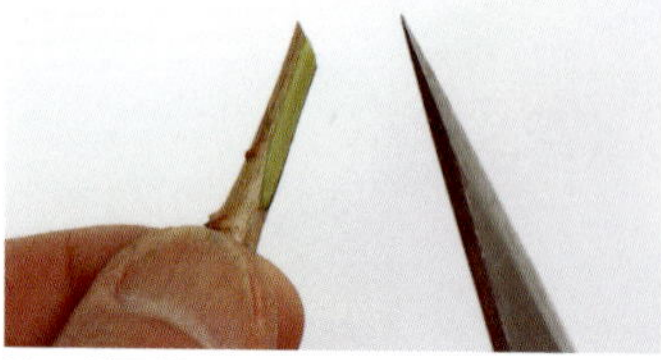

そいだ面が、なめらかで平らであることが大切。

6

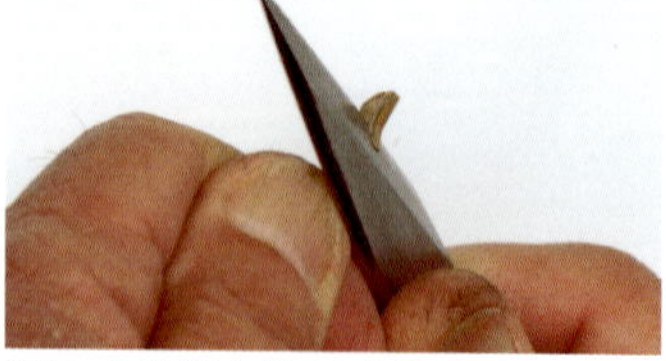

次に、反対側を鈍角に切り返す。

7

調整し終わったつぎ穂。

8

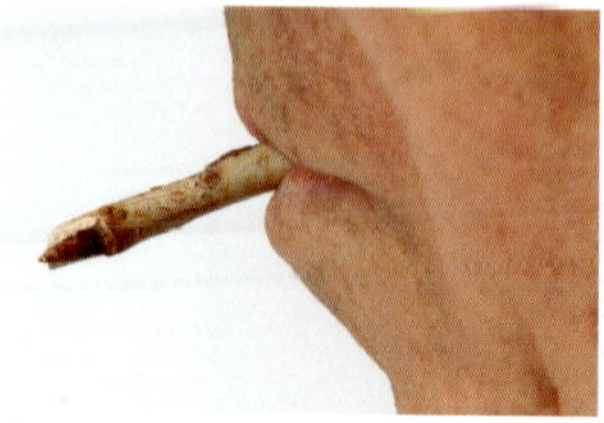

つぎ穂は、すぐに基部を口にくわえ、台木に挿入するまで乾くのを防ぐ。

切りつぎ［2］台木の調整

台木としてマザクラのさし木１～２年生苗を用意した。

台木を基部から７～8cmのところで、剪定バサミで水平に切る。

切り口を鋭利な刃物でなめらかに削り直す。

切り口の側面を斜めにそぎ上げる。

斜めにそぎ上げたところ。角度はこの程度がよい。

そぎ上げた側面の下に切り込みを入れる。

そいだ箇所に上から刃を当てて、垂直に切り下げる。

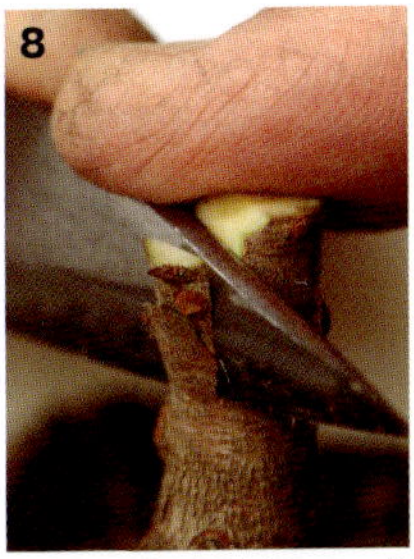

切り下げる深さは、つぎ穂の斜めにそいだ長さより少し短い程度とする。

台木の調整が完了。次は間をおかずにつぎ穂を挿入する。

切りつぎ［3］穂木の挿入と結束

調整したつぎ穂の長くそいだ面を、台木の切り込みの内側に向けて挿入する。

つぎ穂の基部を傷めないよう、1回の動作で奥までしっかりさし込む。

このとき、お互いの形成層のどちら側かをきちんと合わせることが大切。

つぎ穂のそいだ箇所が、台木の切った位置より少し上に出ているようにする。

まず、つぎ木用テープをついだ箇所の最下部に当て、指でしっかり押さえる。

ゆるまないよう注意しながら、テープを回す。

順に上まで巻き上げていく。

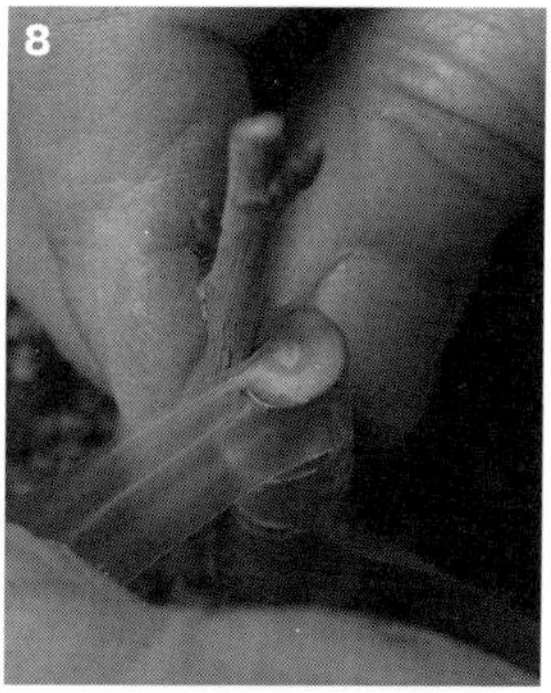

テープを上まで巻き上げたら、切り口の上面を包むように引き下げて巻く。

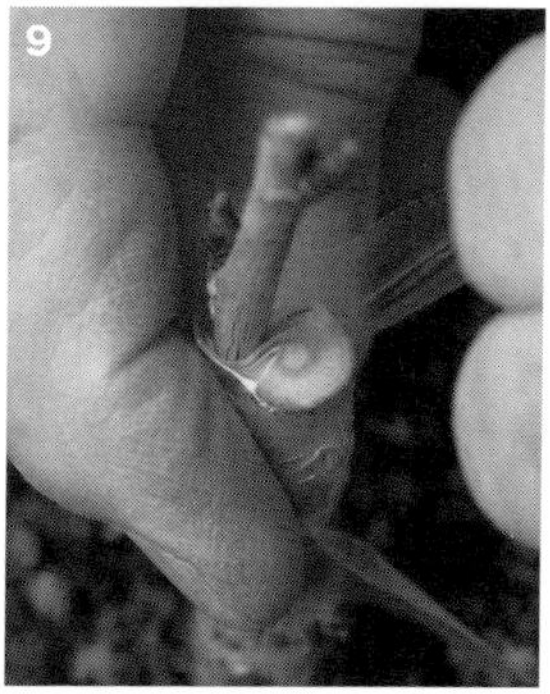

もう1回、つぎ穂の裏を巻く。

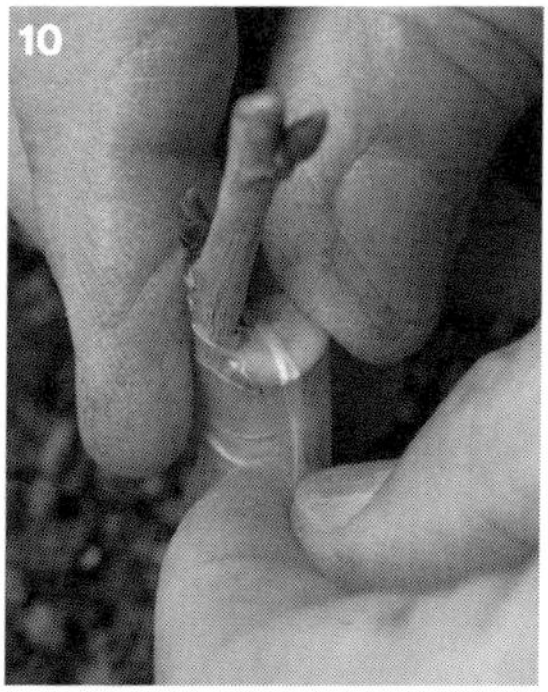

もう1回、テープを強く引き下げ、ここから順に巻き下げていく。

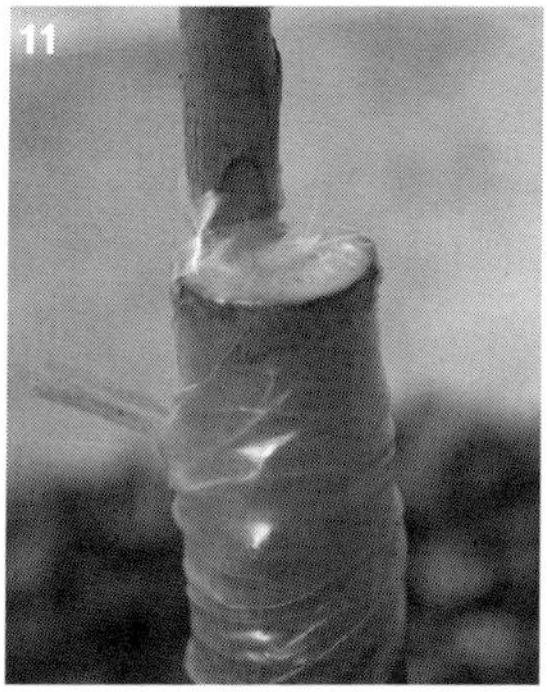

下まで巻き下げたら、しっかりと結わえる。

切りつぎ作業完了。

 JBP-S. Maruyama

実例・芽つぎ

芽つぎの適期は８月〜９月上旬。つぎ芽はヤエザクラ‘関山’。

芽を傷めないよう、葉は葉柄の部分で切り取る。

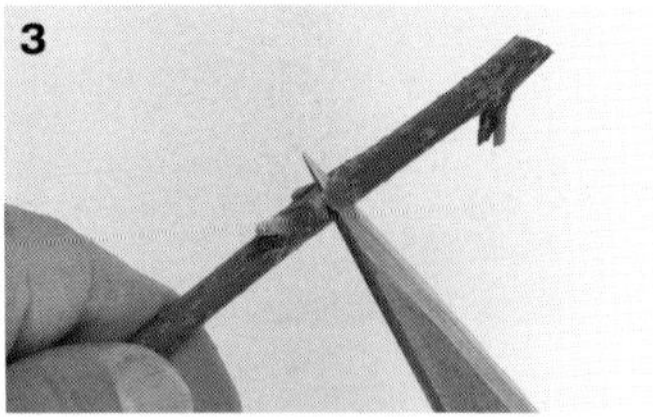

芽の下に切り込みを入れる。

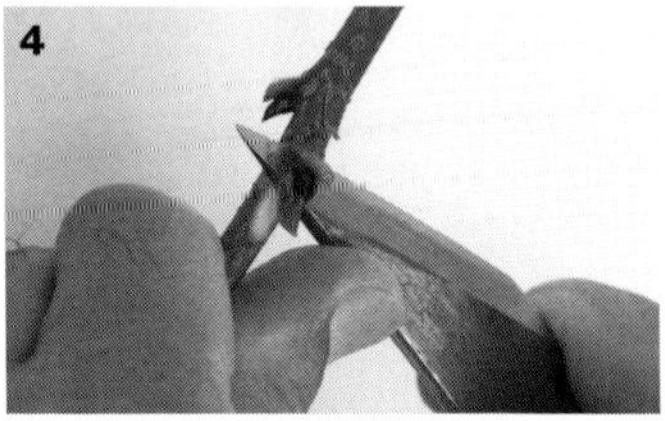

次に芽の 1cm ほど上から刃を入れ、芽をそぎ取る。

そぎ取った「つぎ芽」。作業をするまで乾かないよう、すぐに口にくわえる。

マザクラの台木。作業をしやすいよう、下部の枝は切り取っておく。

芽をつぐ位置に斜めに切り込みを入れる。つぐ位置はできるだけ低いほうがよい。

8 その2㎝ほど上から鋭角に刃を入れて木質部を切り取る。

9 芽を奥までさし込む。芽の芯部が台木にしっかり密着することが大切。

10 つぎ木テープを当てて強く引っ張り、芽が動かないよう注意しながら巻き始める。

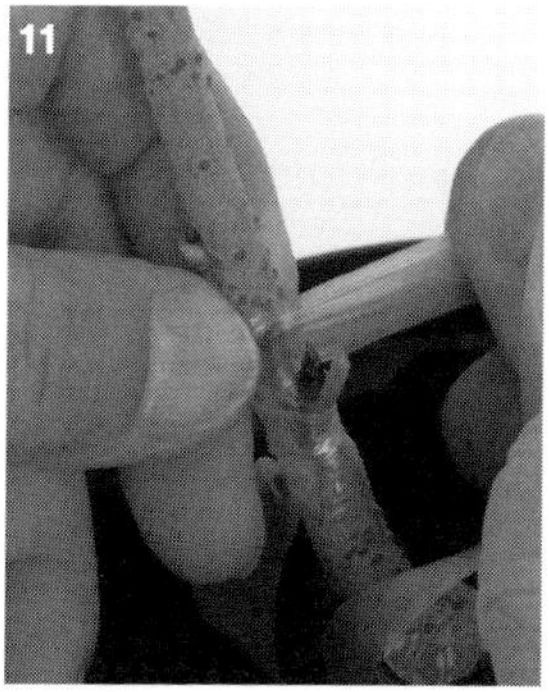

11 葉柄と芽を外に出すようにしてテープを巻き上げる。

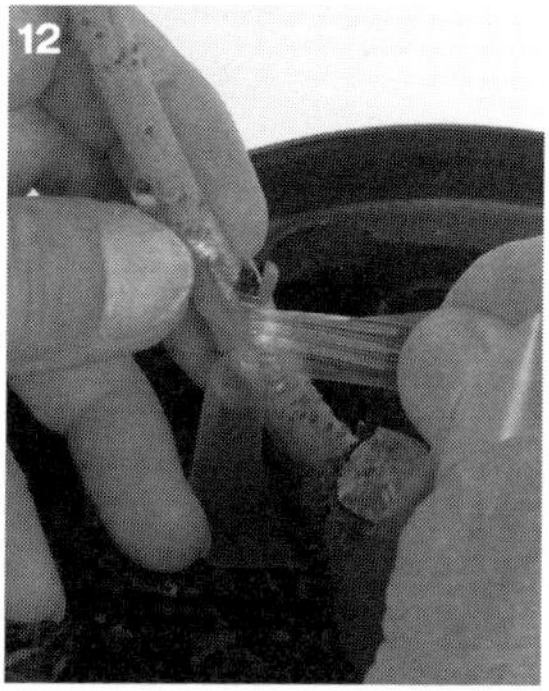

12 ついだ部分が隠れるまで巻き上げたら、今度は順に巻き下げる。

13 テープを結わえて作業完了。台木の上部は、しっかり活着してから切り取る。

病害虫とその防除法

園芸書を見ると、サクラには多くの病気や害虫が発生すると書かれています。その数も本によっては40種余り記載されているため、これを見ると植えるのをためらってしまうのもむりはありません。

しかし実際には、そうした病害虫のすべてが、どのサクラにも発生するものではありません。例えばてんぐ巣病は、〝染井吉野〟にはよく発生しますが、サトザクラ系にはほとんど見られません。

生育環境にもよりますが、1本の木に発生する病害虫はせいぜい2~3種類です。家庭の庭で1~2本、鉢で3~5鉢くらい育てるのであれば、ほとんど気にすることはないと考えてよいでしょう。

私の経験では、庭木の場合は、初夏に新梢の枝先の数枝の葉に被害を及ぼすササキコブアブラムシやウメシロカイガラムシ、クワコナカイガラムシが、初秋にはイラガやモンクロシャチホコ、コスカシバの幼虫などが1~2種見られる程度です。鉢植えの場合は、品種にもよりますが、風通しが悪いとカイガラムシの発生が見られる程度です。

多くの方が誤解されているようですが、家庭で栽培した場合、サクラは意外に病害虫の少ない花木なのです。

主な害虫

コスカシバの幼虫。木の幹の内側に入り、食害する。一年中見られるが、発生のピークは初秋ごろ。

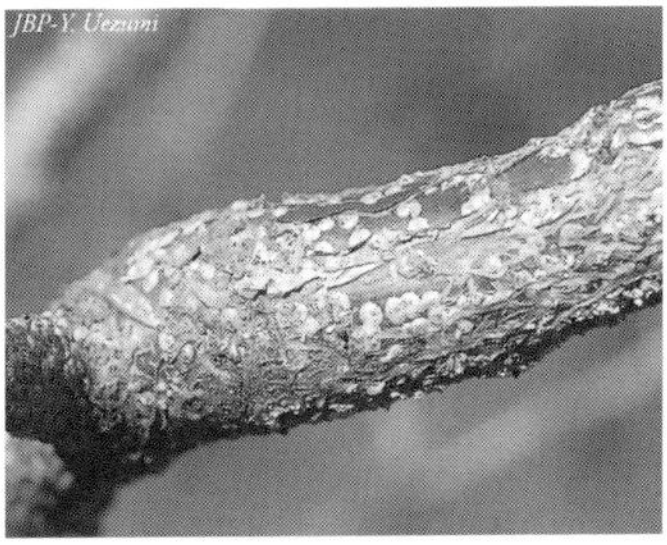

ウメシロカイガラムシ
若い枝に集団で寄生する。落葉や枝枯れの原因になる。虫は体長2㎜。寄生された枝は、白く粉を吹いたように見える。

アメリカシロヒトリの幼虫。群生して葉を食いつくす。

モンクロシャチホコの幼虫。集団で葉を食害する。

●庭植えの病害虫対策

アメリカシロヒトリの幼虫やモンクロシャチホコの幼虫、アブラムシなどは発生を確認した時点で市販の殺虫剤を散布駆除していきます。カイガラムシは発生時の幼虫が非常

イラガのサナギ。枝叉部につくことが多い。

に小さく、なかなか目視が難しいので、5月上旬から8月の間、毎月2回ほどカイガラムシ専用の殺虫剤を散布していきます。

幹に入るコスカシバの幼虫にはカミキリムシの幼虫を駆除するスプレー式殺虫剤を樹皮下に注入して駆除していきます。

また、オルトラン水和剤を2か月に1回散布しておくと害虫の発生予防に効果的です。

病気では、枝や幹にべったりと膏薬《こうやく》を貼ったようにカビが生える「膏薬病」があります。このカビはカイガラムシの分泌物を養分として生育するので、カイガラムシを退治することが第一です。日ごろから風通しをよくし、日光が十分当たるような環境づくりに努めます。被害箇所は鋭利なナイフで削り落とし、傷口にはトップジンMペーストなど殺菌剤が入った癒合剤を

膏薬病の処理

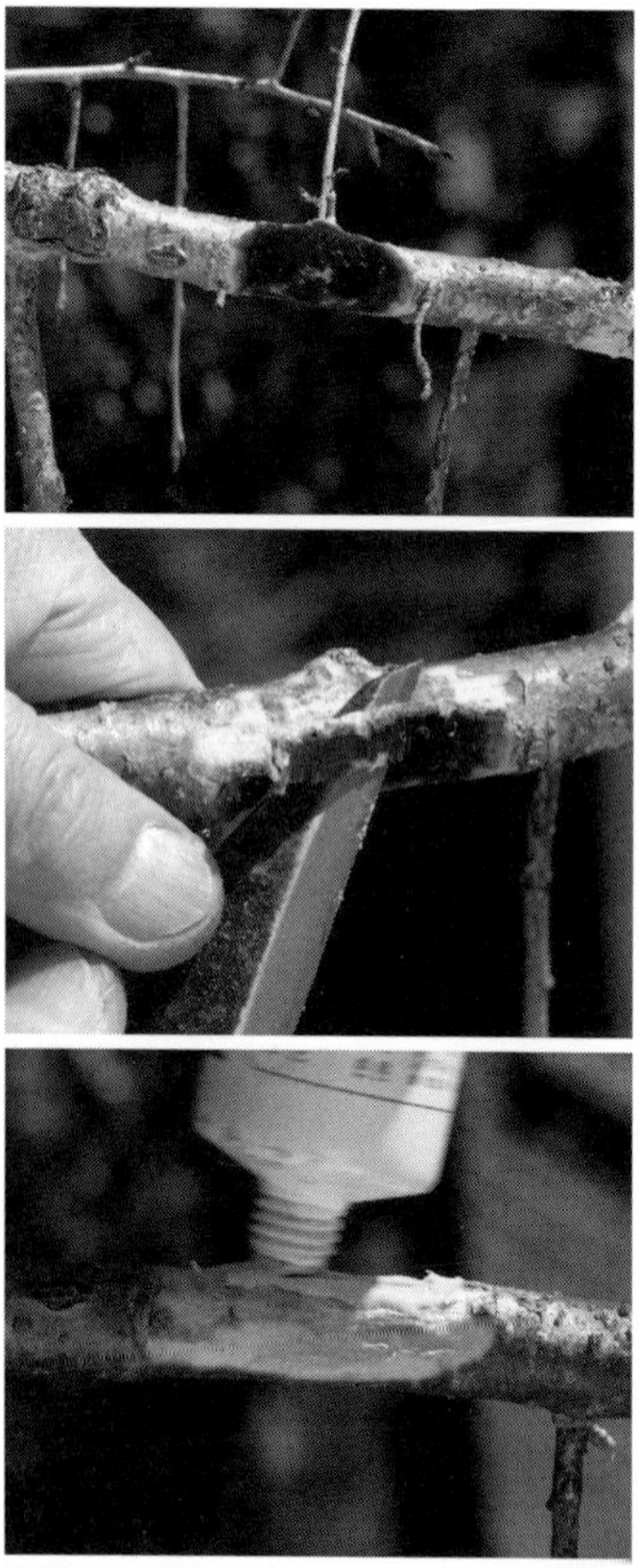

膏薬病。罹病部はナイフできれいに削り取り、殺菌剤入りの癒合剤をたっぷり塗っておく。

塗っておきます。

しかし、これらの病気や害虫は、いずれも樹形を小さく仕立てていけば、目が行き届くので駆除するのも容易ですし、また、発生することも少ないものです。

●鉢植えの病害虫対策

3～4年間、植え替えをしないで育てていると樹勢が抑えられているため、品種によってカイガラムシの発生が見られる程度です。それも、日当たり、通風のよいところで管理していればほとんど発生しません。

カイガラムシの駆除には、冬期にマシン油乳剤を2～3回散布するのが効果的ですが、目視できないほど小さい発生初期に駆除するのも有効なので、5月から8月の幼虫の発生期にカイガラムシ専用の殺虫剤を月に2回くらい散布するのも一つの方法です。

また、植え替えのときに鉢から苗を抜いて見ると、つぎ口付近に表面がごつごつした直径2～3㎝のこぶができていることがあります。これは「根頭癌腫《がんしゅ》病」です。ほかの根にも発生している可能性もあるので、さらに土を落として確認し、こぶのついている根はきれいに切り取り、ベンレート液に浸して消毒してから植え直します。つぎ木部分についた大きなこぶはナイフでやや深めに削り取り、削った部分にはトップジンMペーストなどの切り口保護剤をたっぷり塗ってから植えるとよいでしょう。

ただし、症状がひどく、ほとんどの根に大小の多くのこぶがついているような場合は残念ながら焼却処分をおすすめします。

病害虫の予防策としては、3年に1回は植え替えを行い、肥培をして健康な木に育てていくことが一番大切です。

‘旭山’の盆栽について

加藤初治［蔓青園園主］

サクラはウメと並んで、日本を代表する花木です。しかし、名品盆栽となると多くはありません。サクラは乾燥に弱いなど、ウメに比べると樹勢が弱いこともあげられるでしょう。

●小品盆栽に適した‘旭山’

盆栽として、最も多く出回るのは、サトザクラ系の‘旭山’という矮性品種の小品盆栽でしょう。市場への流通が多い理由として、一つには八重咲きなので花のボリュームがあり、華やかであること、また、八重咲き品種のなかでも成長がゆるやかで枝伸びが少ないため、盆栽に仕立てやすい、といった点があげられます。

●購入するときの木の選び方

よい盆栽を選ぶときは、姿のよさだけでなく、根がしっかり張っていて、枝も徒長しておらず、健全な木であることが大切です。本来なら葉の色などもよく観察して、健康状態を確かめたいところですが、サクラの盆栽が出回るのは葉のない開花中なので、葉は観察できません。

ほとんどはつぎ木でつくられた木ですから、できるだけつぎ口がきれいなものを選びます。

●管理のポイント

サクラは根が細く、乾燥させて傷めてしまうと回復が遅いものです。そこで、水やりは鉢土の表面が乾いてきたら、こまめに行います。

また、根が鉢内に回ってしまうと根詰まりを起こすので、毎年、適期に植え替えを行います。

【春】

日当たりのよい場所で管理します。

剪定は2月に植え替えと同時に行いますが、その時期を逃したものは、花が咲き終わるのを待って剪定します。

Kosakusya

サクラ‘旭山’の盆栽。

肥料は花後からスタートし、7月から8月を除き10月まで施します。月に1回の置き肥でも、10日に1回の液体肥料でもかまいません。

【夏】

午前中は日に当て、午後の西日は避けます。水やりは1日2回必要となります。

梅雨どきはアブラムシやカイガラムシなど害虫が発生しやすいので注意します。

【秋】

9月下旬からは、よく日の当たる場所で管理します。

落葉期を迎え、鉢土の乾きは遅くなりますが、引き続き水切れには注意が必要です。

【冬】

霜に1回当ててから室内に取り込みます。翌春まで、鉢土が凍ることのない縁側などで管理します。ただし、週に1回は戸外に出します。室内に置いたままだと、鉢土の乾き具合がわかりにくいからです。

北国の主な管理・作業

北海道地方

桜前線の最後を飾る当地では、4月下旬からが花の見ごろ。札幌では5月の大型連休のころに開花し、数週間かけて道北・道東に進みます。当地に自生する代表的なサクラとして、チシマザクラ、エゾヤマザクラ、カスミザクラ、ミヤマザクラがあります。これらは寒さに強く当地の栽培に向きます。チシマザクラは最も寒いところに自生します。ミヤマザクラは開花期が遅く、葉が出てから小ぶりな花を咲かせます。エゾヤマザクラは北海道では最も一般的。最近品種登録された濃紅色のチシマザクラの品種、‘国後陽紅《くなしりようこう》’はおすすめの一つで、寒さに強く、華やかな花色で鉢植えでもよく花が咲きます。植えつけ時には腐葉土を十分に入れ、日当たりがよい場所に植えます。

植え替えは春先か秋の落葉後。春から夏にかけての生育には病害虫の被害にあうことが多いので早めの防除を行います。

（北海道大学　星野洋一郎）

東北地方（日本海側）

10月から11月にかけて秋植えもできますが、雪の影響が心配されるので、雪の消えた3月から4月に植えたほうが無難です。冬に冷たい季節風が直接当たるところや、屋根から雪が落ちるところは植え場所には適さないので避けましょう。また、当地は冬の日照時間が極端に少なくなるので、それ以外の季節には日が当たるように建物などの陰にならない場所を選びます。

植えつけ後は、風に吹かれて新しく伸びた根が切れ、成長が悪くなるのを防ぐため、太めの支柱を立てて幹をしっかり固定します。支柱は風や雪による枝折れの防止にもなるので、数年間つけていると安心です。雪の多い地域では、冬囲いをしてやると傷みが少なくてすみます。毎年3月、株の周囲に油かすなどの有機質肥料と化成肥料を混ぜたものを施肥します。‘啓翁桜’の枝変わりである品種‘山形おばこ’は、樹高が2mと小ぶりで、耐寒性も強いため当地の家庭での栽培にも向いています。

東北地方（太平洋側）

植えつけ適期は、秋植えが9月から10月、春植えが3月から4月です。秋植えする場合、植えつけ後に気温・地温が下がって根づきが悪くなることも考えられるので、春植えにしたほうが安心です。当地の冬は冷え込みが厳しいため、植えつける品種には耐寒性の強いものを選びます。‘オカメ’は耐寒性が強いうえ、樹高が低いものの小さいうちから花をつけて、強い剪定にも耐えるので家庭での栽培におすすめです。

厳寒地での冬越しには防寒対策を行います。囲いをつくって寒風に直接当たらないようにするとともに、地面に腐葉土や堆肥を敷いて地温の低下を防ぎます。鉢植えは、強い風が当たらず、日当たりのよい場所に移動させ、雪に埋もれさせないようにします。暖房の効いた屋内に置くと、花芽がつかなくなるおそれがあるので注意します。

（新潟県立教育センター　木村和史）

名古屋園芸	愛知県名古屋市中区東桜 2-18-13 ☎ 052-931-8701 HP：http://nagoyaengei.co.jp/
新潟市花き総合センター 「花夢里（かむり）にいつ」	新潟県新潟市川根 438 ☎ 0250-21-6633 HP：http://www.jainfo-niigata.co.jp/
平田ナーセリー久留米本店	福岡県久留米市善導寺町木塚 288-1 ☎ 0942-47-3402 HP：http://www.hirata-ns.co.jp [備考] 福岡東新宮店、春日店、志免店、小倉東店など 8 店舗がある。
陽春園	兵庫県宝塚市山本台 1-6-33 ☎ 0797-88-2112 HP：http://yoshunen.co.jp

財団法人・日本花の会	[概要] サクラによる街づくりや環境づくりなど、地域の活動に取り組んでいる住民団体や個人を対象に サクラの苗木を提供、「桜の名所づくり」を進めている。 東京都港区赤坂 2-3-6 コマツビル ☎ 03-3584-6531 HP：http://www.hananokai.or.jp/

＊種苗会社は、五十音順で掲載しています。

苗木の主な入手先と愛好家団体

オザキフラワーパーク	東京都練馬区石神井台 4-6-32 ☎ 03-3929-0544 HP：http://www.ozaki-flowerpark.co.jp
ガーデンガーデン	宮城県仙台市青葉区上愛子蛇台原 62-5 ☎ 022-391-8718 HP：http://www.nigachi.co.jp
ガーデン樹の里	埼玉県川口市木曽呂 364-2 ☎ 048-296-0841 HP：http://www.kinosato.net/
改良園	埼玉県川口市神戸 123 ☎ 048-296-5340 HP：http://www.kairyoen.co.jp
花月農園	埼玉県さいたま市緑区大字大崎 2458 ☎ 048-878-0407
川口緑化センター 「樹里安（じゅりあん）」	埼玉県川口市大字安行領家 844-2 ☎ 048-296-4021 HP：http://www.jurian.or.jp
サカタのタネ	横浜市都筑区仲町台 2-7-1 ☎ 045-945-8800 HP：http://www.sakataseed.co.jp
ジョイフル本田 ガーデンセンター（本社）	茨城県土浦市富士崎 1-16-2 ☎ 029-822-2215 HP：http://www.joyfulhonda.com/garden ［備考］瑞穂店、幸手店、千葉ニュータウン店、宇都宮店など関東地方に 14 店舗がある。
タキイ種苗	京都市下京区梅小路通猪熊東入南夷町 180 ☎ 075-365-0123（大代表） HP：http://www.takii.co.jp/

品種・用語索引　太字の数字（ページ）は写真を掲載しています。

船越亮二（ふなこし・りょうじ）

1934年、埼玉県生まれ。1957年から都市公園行政に携わり、都市の緑化に貢献する。現在はさいたま市公園緑地協会理事、中央工学校造園デザイン科講師などを務める。庭木、花木に関する広範な知識と経験に基づき、「趣味の園芸」の講師・執筆者としても活躍中。

デザイン
新井達久
イラスト
江口あけみ
写真撮影
蛭田有一／福田 稔／船越亮二／丸山 滋／竹前 朗／耕作舎／桜野良充／田中雅也
写真提供
アルスフォト／上住 泰／小笠原左衛門尉亮軒／田中秀明
撮影・取材協力
加藤初治（蔓青園）／花月農園／御殿場農園／日本花の会 結城農場
北国の管理・作業執筆
木村和史、星野洋一郎
校正
安藤幹江
編集協力
水沼高利（耕作舎）

NHK趣味の園芸
よくわかる栽培12か月
サクラ［改訂版］

2011（平成23）年6月20日　第1刷発行
2016（平成28）年6月5日　第3刷発行

著　者　船越亮二

発行者　小泉公二
発行所　NHK出版
〒150-8081　東京都渋谷区宇田川町41-1
電話 0570-002-049（編集）
0570-000-321（注文）
ホームページ：http://www.nhk-book.co.jp
振替　00110-1-49701
印　刷　凸版印刷
製　本　凸版印刷

ISBN978-4-14-040254-2　C2361
Printed in Japan
落丁・乱丁本はお取り替えいたします。
定価はカバーに表示してあります。